T0013683

El arte
de hacerlos comer

María Rosas

CENGAGE
Learning

Australia • Brazil • Japan • Korea • Mexico • Singapore • Spain • United Kingdom • United States

El arte
de hacerlos comer
María Rosas

**Presidente de Cengage Learning
Latinoamérica:**
Javier Arellano Gutiérrez

Director editorial Latinoamérica:
José Tomás Pérez Bonilla

Director de producción:
Raúl D. Zendejas Espejel

Editora:
Paola Martín Moreno R.

Editora de producción:
Gloria Luz Olguín Sarmiento

Diseño de portada:
Gerardo Larios García

Imagen de portada:
Cortesía de la autora

Composición tipográfica:
Silvia Plata Garibo
César Sánchez Jiménez

Datos para catalogación bibliográfica
Rosas, María
El arte de hacerlos comer
ISBN-13: 978-970-830-069-8
ISBN-10: 970-830-069-1

Visite nuestro sitio en:
http://latinoamerica.cengage.com

Impreso en Cosegraf; nov. del 2008

**Progreso No. 10 Col. Centro
Ixtapaluca Edo. De México**

Impreso y hecho en México
1 2 3 4 5 6 7 11 10 09 08

Dedicatoria

A Leticia Marván, mujer y amiga profundamente comprometida con todos quienes la rodeábamos, pero particularmente con la nutrición y sus vicisitudes.

Leticia, gracias por haber compartido conmigo cafés, asesorías nutricionales, experiencia y más que nada, tu amistad.

Contenido

Contenido

Presentación de la colección
Aprender para crecer

*R*ecuerdo con claridad cuando me dispuse a plasmar en papel todo cuanto sabía o creía saber acerca de la formación y educación de los hijos. Los míos, para empezar, como base exploratoria, sin duda constituirían una historia ejemplar. Y por qué no, si palpaba cotidianamente las esencias más puras referentes a los temas que nos conciernen a la mayoría de los padres; si había vivido y continuaba experimentando en todo su esplendor y dolor los matices de la maternidad, si reconocía en la imagen que devuelve el espejo a una mujer entregada a la superación y felicidad de sus hijos. No estaba del todo errada, sin embargo, al exhalar sobre el respaldo de mi silla cómplice y después de meses de no estirar las piernas, comprendí que los hilos de mi narrativa habían creado un tejido indestructible entre mis sentimientos y mi realidad como madre. Fue al leer, preguntar, acomodar, suprimir y reconocer que advertí la inmensidad del entendimiento: son los niños quienes nos cargan de energía para llevarlos y traerlos; son los niños los que proyectan metas personales al descubrir el mundo a través de nuestros pasos; son ellos quienes nos abrazan en las noches más confusas y solitarias, son nuestros hijos los que trazan con envidiable precisión el compás de la unión familiar. Cierto es que como padres nos graduamos a la par de ellos, también lo es que el manual de convivencia, desarrollo y armonía lo redactamos juntos, como núcleo. Comparto entonces, esta colección, **Aprender para crecer**, a todos aquellos padres que dividen sus horarios entre visitas al pediatra y partidos de futbol, también a todas las madres que comprenden de desvelos y zurcidos invisibles —los del alma incluidos—. Este compendio de experiencias, testimonios, confesiones y recomendaciones enaltece las voces de especialistas, cuidadores, profesores, madres y padres que provienen curiosamente de diversos caminos, pero que y porque a la vida la trazamos así, se han detenido entre cruces y por debajo de puentes a tomar un respiro y tenderse la mano. Que sea ese el propósito de nuestra paternidad: sujetar con disciplina, amor, diversión, cautela y libertad las manos de nuestros hijos y que permitamos que continúen impulsándonos a ser no sólo mejores ejemplos, también sólidos y eternos encuentros.

El arte de hacerlos comer juega, como lo hacen los niños a la hora de la comida, a educar a los padres de familia a tomar la actividad de la alimentación con sentido del humor y practicidad. Si tu hijo no quiere comer, ¿sabes por qué? Conozcamos sus gustos, pero sobre todo respetemos su libertad de probar y crecer rodeados de sabores, texturas, colores que impulsarán su desarrollo y nos harán desear pasar más tiempo en la cocina.

Introducción

La alimentación de los hijos es una de las principales preocupaciones de los padres, especialmente en estos días en los que tenemos acceso a mucha información que nos alerta sobre lo nocivo de ciertos productos. Aunado a ello, muchos niños de hoy pasan horas sentados frente al televisor o jugando videojuegos, hacen poco ejercicio y son adictos a la comida "chatarra".

En esta obra se recogen numerosos testimonios de padres de familia: sugerencias, problemas y la forma como encaran el dilema cotidiano de las horas de comida. También se presenta el punto de vista de expertos en nutrición, pediatras y otros especialistas.

El libro no es un tratado de alimentación; más bien, se trata de una recopilación de cómo las madres, quienes generalmente nos encargamos de la alimentación familiar, hemos sacado el mayor provecho a las situaciones que enfrentamos cuando nuestros hijos se sientan a la mesa.

Nosotros decidimos qué queremos que coman nuestros chicos, tratamos de inculcarles buenos hábitos alimenticios y surtimos nuestros refrigeradores y alacenas con comida nutritiva; sin embargo, son ellos, los niños, quienes deciden cuánto y cómo desean comer.

Cuando me enteré de los nuevos enfoques de la nutrición familiar y de la responsabilidad que deben tener nuestros hijos con la forma como se alimentan, me pareció muy arriesgado dejar a los pequeños semejante tarea. Pero muchas madres han comprobado que sí funciona.

En la alimentación, como en los distintos aspectos que implican la crianza infantil, las claves del éxito estriban en el ejemplo, en primer lugar, y en el respeto y confianza en el niño.

Si queremos que los niños coman bien dejémoslos decidir cuánto van a comer, y que las horas de sentarnos a la mesa sean para convivir y conversar, no para regañar, llamar la atención o presionar para que coman de acuerdo con nuestras pautas tradicionales.

Capítulo uno

El significado
de la alimentación

"Mamá, ¿por qué en casa de mi amiga Ana Paula rezan antes de comer?", me preguntó Lucía, mi hija. Desde ese día no he dejado de pensar en el tema. Ciertamente, en el caso de su amiga, comer se trata de un ritual religioso, pero al preguntar a una de las especialistas en nutrición, con las que hablé para escribir este libro sobre la importancia del ritual alimentario me respondió que todos, y no como un acto religioso, deberíamos agradecer por los alimentos.

"Tal vez bendiciendo los alimentos", señaló, "las horas de comida dejarían de ser arenas de boxeo entre padres e hijos, y la familia acogería ese momento para intercambiar vivencias, planes y conversaciones agradables".

> Hay madres que saben cuántas calorías y
> proteínas debe consumir su hijo cada día

Esta respuesta me orientó acerca de la importancia de abordar el tema de la alimentación infantil no desde el punto de vista nutrimental, sino para destacar tanto lo que los padres hacemos con los pequeños cuando nos sentamos a la mesa a comer, como las recomendaciones de los expertos para que los niños coman bien.

Soy la primera en apuntarme: a diario repito a Lucía, por lo menos seis veces, que se termine la comida. Ella me suplica, con cara de "ya no puedo", que no le imponga un bocado más. Ha habido veces en las que, después de 20 minutos de haberse levantado de la mesa, mi hija sigue masticando la carne.

¿Te suena conocida la historia? Por supuesto, los regaños, amenazas y lágrimas aparecen de inmediato. "Te vas a quedar chiquita y flaquita. Además, ve qué color tienes, estás paliducha". Lo peor es que Lucía se lo cree y entonces corre al espejo a mirarse y vuelve llorando a preguntarme: "Si no como, ¿voy a quedarme así?" Le respondo que no es verdad lo que he dicho, pero que es preferible que coma.

Guillermo, mi esposo, contribuye sobornando a la niña: "Si te comes toda la carne y un poco de ensalada, te compro lo que quieras".

La niña no es berrinchuda, aunque debo reconocer que sí es un tanto remilgosa; sin embargo, es evidente que ha quedado satisfecha. Su estómago y el nuestro no tienen el mismo tamaño, es absurdo servirle raciones para adulto a una niña de nueve años de edad. Puesto así, suena muy lógico, pero al estar sentados a la mesa y ver que el plato de sopa no acaba de vaciarse comienza mi angustia, hasta que surgen los regaños que terminan con la tranquilidad de la hora de la comida.

Como padres de familia actualizados y preocupados por el desarrollo integral y equilibrado de nuestros hijos, seguramente hemos leído libros sobre autoestima, acerca del desarrollo de los niños, la crianza infantil y, posiblemente, también hemos buscado en los anaqueles más escondidos de las librerías la última novedad en nutrición familiar.

Hay madres que saben cuántas calorías y proteínas debe consumir su hijo cada día y otras que ejercemos un estricto control sobre todo lo que suene a caramelos, comida "chatarra", etcétera. ¿Esto significa que ofrecemos una buena alimentación a nuestros hijos? ¿Realmente es importante contar los carbohidratos, las vitaminas y los minerales que deben consumir? ¿Vale la pena impedirles comer un par de dulces?

Las sensaciones de placer que acompañan a los actos de la alimentación contribuirán a la construcción de la esfera emotiva del niño.

PIAGET

Patricia Rosen, madre de Jorge, de 11 años de edad, y de Sandra, de siete años, recuerda cuando el niño todavía no cumplía un año de edad y ya la atormentaba que estuviera mal alimentado. Le dio leche materna durante siete meses; compraba las frutas y verduras más frescas para preparar papillas, adquiría exóticos cereales en las tiendas naturistas para ofrecer a su hijo lo más sano. Contaba las raciones exactas que necesitaba el niño de acuerdo con su tamaño y peso.

Un día lo llevó al pediatra y el médico le pidió un análisis de sangre porque el pequeño estaba muy pálido. El diagnóstico clínico se confirmó: Jorge tenía principios de anemia.

Si se considera el efecto tan profundo y duradero que tiene el aprendizaje durante la niñez, se verá la necesidad de formar hábitos alimenticios positivos que beneficien a los niños a lo largo de su vida.

PLAZAS

Desde ese día, con un enorme costal de culpas a cuestas, Patricia decidió dejar de seguir las instrucciones de los libros y orientarse por su intuición y por lo que el niño pedía, siempre de acuerdo con ciertas pautas que todos conocemos para gozar de una buena alimentación.

"Con Sandra no cometí el mismo error y la niña está delgada y sana", comenta.

Aunque parezca increíble, está confirmado que uno de los sentimientos más importantes que rige a nuestros patrones de conducta es el que se refiere a la comida. De hecho, hay un refrán que todos conocemos: "Somos lo que comemos".

Cada persona percibe la comida y la acción de comer de distinta manera. Hay adultos que disfrutan plenamente los alimentos; otros comen porque tienen que comer; también están quienes comen de muy mala gana y, si pudieran, borrarían de sus vidas las horas dedicadas a ello.

Lo que quiero destacar es que transmitimos todas esas actitudes a nuestros hijos, de forma que su percepción de la alimentación proviene de nosotros, sus padres.

Vengo de una familia en la que la mamá no era la cocinera más refinada del mundo. Comíamos platillos simples y nutritivos: pasta, crema, arroz, ensalada y carne, pollo o pechuga, y bebíamos agua de fruta; jamás había refrescos en el refrigerador.

La hora de los alimentos resultaba muy agradable y creo que por ello mi casa era un imán para los amigos de todos mis hermanos. Siempre había dos o tres niños más comiendo en casa. ¿Por qué? Porque sentarse a la mesa constituía un ritual divertido, sin riñas y sin una mamá que obligara a comer todo lo que no queríamos. Estaba prohibido pelear y siempre había una cuchara de palo cerca como el mejor antídoto contra los pleitos.

Muchos fines de semana, incluso semanas enteras, por alguna razón que no recuerdo, debíamos quedarnos en casa de la abuela: ella sí nos obligaba a comer todo.

"Lo siento mi hijita, pero hasta que termines la avena puedes levantarte de la mesa", me decía.

Por supuesto, crecí odiando la avena. Pero más que malestar contra un platillo lo que me molestaba era la lucha que eso entrañaba: "Yo mando, yo decido cuándo estás satisfecha, yo dictamino en qué momento te levantas de la mesa", parecía pensar mi abuela.

Pese a esos malos momentos nutrimentales, en general mi relación con la comida ha ido mejorando a medida que tengo más edad. Qué bueno que es así, porque he tratado de transmitir a Daniel y Lucía que comer es un placer.

Esto no significa que no haya cometido mil y una equivocaciones respecto a la nutrición de mis hijos; aún más: reconozco que a veces me quita el sueño que Lucía, aunque no desprecia la comida, no coma en abundancia. ¿Qué más quisiera una madre que presumir de un niño que come bien y prueba de todo?

La obsesión del peso

Durante muchos años, diversos personajes —médicos, familiares, etcétera— hicieron creer a los padres que un niño "gordito" equivalía a un niño sano. Con ese concepto miles de mamás presumían alegremente a sus bebés rollizos, y quienes tenían hijos flacos mejor que no salieran a la calle: se convertían en la "comidilla" de las demás. Hoy, a pesar de haberse terminado el mito del niño obeso como sinónimo de niño sano, hemos convertido el peso y la talla de los hijos en una prueba más de nuestra capacidad como madres. ¿Cuántas de nosotras no hemos caído en el juego de sentir que nos ponen una medalla cada vez que el pediatra nos dice que el niño crece adecuadamente?

Georgina Bracho, dueña de un gimnasio de estimulación temprana, señala que una de las preocupaciones de las madres que acuden al lugar con sus hijos es el crecimiento de éstos.

"Comparan tamaños y pesos todo el tiempo. Puedes oírlas competir por el tipo de alimentos que ya come el bebé, la manera en que gana peso… incluso por los kilos que ellas obtuvieron durante el embarazo. Es absurdo, pero así es", afirma la terapeuta.

Para muchos padres el peso y el tamaño de los hijos es una carga pesada que nos ha llevado a convertir las horas de la comida en momentos difíciles en cuanto a la relación con los niños.

"Con tal de no pelear con Emilio prefiero salirme de la cocina cuando está comiendo. Así no tengo que escuchar sus quejas por la comida, ni tengo que verlo jugar con los cubiertos", comenta Amalia Rodríguez, madre de dos niños.

"No puedes imaginar lo difícil que es pedir a mi hija que coma. Ya no encuentro trucos ni trampas para que acepte las verduras. Su pediatra me pidió que por favor la deje en paz, pero es desesperante ver que no come", expone Rosaura Calvo, mamá de Mariana, de nueve años.

De acuerdo con la especialista en nutrición Kati Szamos, autora del libro *Nutrición infantil. Cómo lograr que los niños coman*

Sentarse a la mesa a compartir los alimentos debe
ser una actividad sana y alegre

bien, lo mejor que podemos hacer los padres y maestros es no convertir las horas de comida en momentos de pleito.

"No vale la pena una batalla desgastante, cargada de ansiedad y neurosis para imponer reglas alimentarias estrictas en nuestros hogares y, a la par, despertar una conducta rebelde y antagónica en nuestros hijos".

Por supuesto, los niños deben alimentarse y deben hacerlo bien, pero como todo, cuanto más nos angustiemos por lo que comen, mayor neurosis les transmitimos y, por ende, menos comerán.

Raquel y Elena son madres que amamantaron a sus hijos. Para la primera el destete fue una cuestión muy natural, sin angustia. Por lo tanto, el niño logró una feliz separación del pecho materno. En cambio, Elena, desde los primeros días de lactancia se angustió por el momento del desprendimiento: "¿Qué va a hacer mi hijo?", se preguntaba. Su temor llegó a tal extremo que, en el momento de introducir al niño al mundo de los vasos —su hijo nunca tomó biberón—, ambos sufrieron mucho. El bebé no dormía bien, lloraba todo el tiempo y el destete se convirtió en un verdadero drama para toda la familia.

Nuestros temores y angustias son los temores y las angustias de nuestros hijos.

Desde que se casaron, Erika y Fernando no lograban ponerse de acuerdo respecto al momento de concebir un hijo. A ella le preocupaba mucho subir de peso y a él perder el esbelto cuerpo de su mujer. Llegó el embarazo y Erika no subió más de nueve kilogramos para que no le resultara difícil recuperar su talla.

El nuevo conflicto era la lactancia. Con el pretexto de "no tengo suficiente leche" evitó amamantar al bebé. Durante nuestra conversación me confesó que tenía mucho miedo de ser una mala madre, de no estar alimentando bien a su hijo, por lo que usaba su cuerpo como pretexto para no embarazarse y para no darle el pecho al recién nacido.

"Preferimos darle biberón porque así podemos saber cuánto come. Afortunadamente, Andrés es un niño sano y, a sus siete meses de edad, pesa casi nueve kilos", afirma la orgullosa y ya más segura mamá.

Adriana Otero tiene tres hijos: Daniela, de 12 años, José, de nueve, y Camila, de seis. Los tres son niños muy delgados, en especial Daniela. Comenta que muchas madres de la escuela de sus hijos le han preguntado sobre ello, a lo que no sabe qué responder.

"Mi hija come muy bien y nadie lo cree. Desde que nació ha sido delgada y alta, y ya está entrando a una edad en la que su peso le causa conflicto. Es más, yo podría decirte que le avergüenza. Muchas veces siente que los demás la rechazan por su extrema delgadez y yo sólo le digo que me gusta mucho ver lo bien que come y que el peso es algo que no debe preocuparla. Es una niña muy sana, tiene muy buen color, pero su cuerpo no responde a las expectativas de los otros padres de familia, que me preguntan sobre la opinión del pediatra sobre el peso de mi hija".

La especialista en nutrición estadounidense Ellyn Satter señala que los niños tienen una manera natural de crecer de acuerdo con su complexión; si los padres cumplen su tarea de alimentarlos y los dejan decidir cuánto quieren comer, no deben preocuparse: los chicos crecerán sanos.

La tarea de la alimentación

El acto de comer supone una de las primeras relaciones sociales del niño. De hecho, es el principio de la enseñanza en el comportamiento con los demás. Sin embargo, independientemente de que el recién nacido sea alimentado con pecho materno o con biberón, él mismo establece la pauta de sus hábitos alimenticios. Es responsable de su propia alimentación, aunque cueste creerlo y aceptarlo. Él es el único que sabe si tiene hambre o no. Por eso no debemos imponerle horarios de comida, así acabe de nacer. Éstos y las rutinas llegan más adelante.

Respecto a su peso, los kilogramos que nuestro hijo pierda o gane deberían dejar de ser una obsesión para nosotras, sus madres.

"Durante muchas semanas, media hora después de haber amamantado a mi hijo, el niño deseaba comer nuevamente. Debo reconocer que para mí era frustrante tener que pasar todo el día

Si el peso de su hija está 10% por debajo del peso promedio para su edad y su estatura, probablemente esté bien, siempre que la pérdida no continúe.

MOLONEY

con el bebé pegado a mí. Pero comprendí que eso no sería para siempre. De hecho, el maratón alimenticio no duró mucho tiempo. Actualmente, mi hijo Roberto, quien tiene cinco años, tiene sus propios patrones de alimentación. Yo soy muy respetuosa respecto a dejar al niño comer la cantidad que quiera, siempre que sea en horarios de comida", expone Ruth Palacios, mamá de Roberto y Diego, recién nacido.

De acuerdo con la Organización Mundial de la Salud (OMS), una persona saludable es la que goza de pleno bienestar biológico, psicológico y social. La alimentación, sin duda, debe contribuir a lograr ese estado.

Leticia Marván, prestigiada especialista en nutrición, afirma que, como parte de los parámetros de la OMS, la alimentación es un satisfactor de tres funciones básicas:

▶ Biológica
▶ Psicológica
▶ Social

De acuerdo con Marván:

> Como satisfactor biológico, la alimentación debe aportar todos los nutrimentos que el cuerpo necesita, en las cantidades y proporciones indicadas.
>
> Como satisfactor psicológico, la alimentación es un placer que no debe perderse en ninguna circunstancia; ni siquiera cuando hay limitaciones fisiológicas o económicas.
>
> Finalmente, como satisfactor social, la comida y la hora para comer deben propiciar momentos que favorezcan la convivencia familiar y social.

Por desgracia, los padres de familia hemos restado a la alimentación de nuestros hijos la importancia psicológica y, sobre todo, su papel en el terreno social. Utilizamos los momentos para la comida como hora de discusiones, desacuerdos, reclamos. Pero eso sí: les damos su ración diaria de proteínas, calcio y calorías que nos recomiendan en los libros.

"Eduardo, mi esposo, siempre come en casa, pero prefiere que le sirva la comida cuando mis hijas ya terminaron. Le molesta presenciar pleitos y reclamarles porque no comen bien", expone Pilar Trejo.

Para que la alimentación cumpla su función adecuadamente, es primordial, como padres, revisar nuestras propias actitudes hacia la comida y frente al acto de comer. Esto nos permitirá saber qué es con exactitud lo que les estamos transmitiendo a los hijos.

Durante mucho tiempo rechacé el arroz simplemente porque no lo apetecía. Pero obligaba a mis hijos a comerlo. Un día Daniel me dijo: "Mamá, si tú no comes arroz yo tampoco quiero comerlo, porque si tú no comes algo es porque no debe ser bueno". Me quedé "helada" frente al comentario. Lo saqué de su error sobre los

> **El acto de comer supone una de las primeras relaciones sociales de los niños**

nutrientes del arroz y, a partir de entonces, me integré al equipo de los comedores cotidianos de este cereal.

¿Cómo podemos pedir a los niños que hagan algo que nosotros no somos capaces de llevar a cabo? Importantes estudios realizados por prestigiadas instituciones de investigación extranjeras y mexicanas informan que la manera de alimentarnos durante la niñez determina el tipo de salud que tendremos en la edad adulta; por añadidura, incide de forma importante en el desarrollo del coeficiente intelectual.

En el libro *Nutrición contra las enfermedades*, el doctor Roger J. Williams asegura que en un estudio psicológico donde se comparó a un grupo de niños en edad preescolar con buenos hábitos alimenticios, con otro de niños de la misma edad con dietas deficientes, los resultados marcaron una importante diferencia en los niveles del coeficiente intelectual a favor de los mejor alimentados.

Para no ir más lejos, en las escuelas está comprobado que los niños que desayunan bien tienen mayor rendimiento académico, contrario a quienes llegan a la escuela con el estómago vacío.

"En el reglamento escolar, nosotros ya ponemos como condición que los niños vengan con alimento en el estómago. Ya no es una petición a los padres, es una exigencia. No es posible que envíen a los chicos sin desayunar, o nada más con un vaso con leche. Después de más de 10 horas de ayuno considero que nadie rinde", afirma la directora de una escuela primaria privada.

El doctor Claudio Coello sostiene que en los problemas de alimentación infantil y desnutrición no intervienen sólo los valores nutrimentales de lo ingerido, ya que se trata de una cuestión de costumbres y educación. En todo el país existe un considerable número de familias que pese a tener a su alcance los elementos necesarios para gozar de una salud envidiable, prefire el consumo en cantidades industriales de refrescos embotellados, papas fritas, tortas y demás platillos tradicionales de la gastronomía callejera, los cuales no aportan nada provechoso al organismo.

Frente a este problema, las acciones emprendidas contra la desnutrición deben partir de la capacitación y educación de madres y padres para orientarse a sí mismos y a sus hijos sobre la mejor manera de alimentarse.

Una buena alimentación se refleja en la apariencia y se le asocia con una estructura ósea bien desarrollada, un peso armónico de acuerdo con la estatura, una expresión alerta y despierta, pelo brillante, estabilidad emocional, buen apetito, hábitos de sueño saludables, resistencia a la fatiga, tránsito intestinal regular y también buen humor.

SWINNEY

Leticia Marván explica que la comida siempre ha sido un vínculo social, una forma de reunir a la familia, a los amigos y de demostrar afectos. Pero si hacemos a un lado este aspecto, la dieta que ponemos en práctica en casa debe ser completa, suficiente, equilibrada, variada e inicua. Para ella:

Una dieta completa se obtiene cuando ingerimos alimentos de todos los grupos y con ello cumplimos la función biológica de la alimentación que favorece la salud física. Una dieta suficiente también aporta la energía requerida por nuestro cuerpo para realizar las funciones vitales.

No hay que olvidar que si un niño tiene la energía adecuada, tendrá un crecimiento y desarrollo óptimos. La alimentación ha de ser equilibrada, es decir, debemos consumir alimentos de todos los grupos. Por otra parte, la variedad de la dieta la convierte en un satisfactor psicológico y social, pues en ésta radica el gusto de las personas.

Finalmente, decir que la dieta debe ser inicua significa que, al preparar la comida de manera higiénica y consumir alimentos libres de tóxicos, evitamos las enfermedades.

Todo lo anterior suena muy bien y parece fácil de poner en práctica con los niños, pero aunque nuestra comida cotidiana cumpla todos esos requisitos, si la hora de la comida no es un momento de armonía familiar de nada sirve lo primero, porque los pequeños no querrán comer.

Preguntémonos, por ejemplo: ¿el comedor es un lugar agradable o es el escenario de los pleitos familiares? Mientras comemos:

▶ ¿Hablamos con nuestros hijos o más bien nos dedicamos a corregirlos y darles instrucciones?
▶ ¿Dejamos a los niños comer lo que les apetece o siempre les estamos demandando terminar todo lo servido en el plato?
▶ ¿El postre es motivo de amenazas cuando el niño no termina de comer?
▶ ¿Disfrutamos la comida o es un momento molesto de nuestra vida diaria?

Los expertos en alimentación infantil aseguran que la elaboración de un inventario honesto y profundo de nuestras respuestas a las preguntas anteriores ayudará considerablemente a convertir la comida y, sobre todo, la hora de los alimentos en algo especial y agradable.

> Muchos padres consideran que los hábitos
> alimenticios de sus hijos son muy pobres y eso
> afectará su desarrollo

Lourdes Esquinca, terapeuta familiar, señala que generalmente los padres de familia son quienes convierten en un tormento las horas para alimentar a los infantes. "No entiendo", afirma, "por qué con los hijos no ponen una mesa muy linda, les preguntan por sus platillos favoritos e incluso planean los menús de la semana con ellos."

Maite Plazas, especialista en nutrición, sostiene que los niños aprenden mucho de lo que ven, de lo que hacen, de lo que se les dice; de lo que más aprenden es de cómo se comportan otras personas. Por eso, durante las comidas lo más importante es el buen ejemplo.

"Para que éstas resulten en momentos para aprender y disfrutar es necesario ofrecer una variedad y combinación de alimentos en un ambiente agradable y tranquilo", explica en su artículo "Que los niños aprendan y disfruten de una buena alimentación".

Así como existen familias en las que la hora para comer es momento para pelear, lo que provoca cierto rechazo a la alimentación en los niños, también las hay que tienen un concepto distinto de estos momentos y una actitud sana al respecto.

Mariana Flores, madre de Donato, de nueve años, y de Luciana, de siete, afirma que ella y su marido han tratado de fomentar en sus hijos una concepción agradable de la hora del almuerzo.

"Les tenemos prohibido pelear a la hora de comer y no les hemos enseñado que la comida es una forma de castigo o un tipo de recompensa. Ellos también han aprendido que no provocarán disgusto alguno si no se terminan la comida servida. En este aspecto he tenido algunas diferencias con mi esposo. Él afirma, por ejemplo, que no se debe desperdiciar ni un gramo de comida. Esta actitud se debe a que proviene de una familia italiana que sufrió los estragos de la Segunda Guerra Mundial, y fue educado para dejar los platos sumamente limpios porque tal vez podría no haber ningún tipo de alimento después", explica.

En casa de los Granados nadie acusa a los niños de ser caprichosos cuando ellos ya no quieren comer más.

"Por fin hemos entendido que los niños no dejan de comer para fastidiarnos, sino porque tienen etapas distintas de desarrollo y lo que hoy les gusta mañana tal vez ya no", explica Carmen de Granados.

Asimismo, es importante darnos cuenta y aceptar que los chicos tienen temporadas en las que sólo comen un platillo. A mí me pasó con Lucía, cuando tenía entre año y medio y dos vivía de malteadas de plátano.

Algunos pediatras entrevistados afirman que la mayoría de los padres se preocupa por los hábitos alimenticios de sus hijos y cree que éstos no son lo suficientemente saludables como para ayudar a que los niños crezcan sanos y fuertes. Algunos chicos piden los mismos platillos una y otra vez; otros se resisten a probar alimentos nuevos y otro grupo de menores se la pasa pidiendo bocadillos toda la tarde. Esto es normal, los niños comen lo que les gusta y dejan el resto. Puede ocurrir que durante una semana se alimenten de crema de chícharos y la siguiente prefieran una pieza de pollo.

Sin embargo, recomiendan los médicos, es básico para su desarrollo que los padres o las personas quienes están a su cargo les fomenten buenas prácticas nutrimentales.

El doctor Manuel Ramos, pediatra, asevera que "muchos padres luchan por controlar la cantidad de alimentos que ingieren sus hijos. El niño puede no estar comiendo una cantidad suficiente de ciertos alimentos o una cantidad excesiva de otros, o puede ser que desperdicie la comida o no quiera probar alimentos nuevos. La función de los padres consiste en ofrecer opciones alimentarias saludables.

Si el pequeño es remilgoso con la comida no se le debe obligar a que coma. Los estudios señalan que los niños comen lo necesario y la cantidad requerida por su organismo, si tienen disponibles alimentos adecuados para escoger". Así que despreocupémonos, cumplamos nuestra tarea de tener siempre alimentos nutritivos en la despensa y en el refrigerador y dejemos que la naturaleza infantil haga su parte.

> *Cada una de las reacciones que tiene la madre con relación a la alimentación de sus hijos tendrá un importante significado en la vida adulta de éstos.*
>
> MANDUJANO

Preguntas

Es muy importante que analicemos qué significa para nosotros y para nuestra familia la alimentación.

1. ¿Cómo eran las horas de la comida cuando éramos pequeñas?
2. ¿Nos obligaban a comer hasta el último bocado?
3. ¿Tenemos recuerdos gratos de las comidas familiares?
4. ¿Alguna vez hemos sentido temor de no estar alimentando bien a nuestros hijos?
5. ¿Nos preocupan en exceso el peso y el tamaño de nuestros hijos?
6. ¿Los presionamos para que coman?

Capítulo dos

La queja nuestra de cada día: "Mi hijo no quiere comer"

*E*s sabido que la alimentación infantil requiere una dieta con los nutrientes indispensables para que los niños se desarrollen y crezcan sanamente. Pero, ¿qué podemos hacer para que ingieran la cantidad suficiente de los alimentos correctos?

Los expertos afirman que lo primero que toda madre debe hacer es crear un ambiente agradable a la hora de la comida, que debe ser un momento de felicidad y sin apuros.

Sin duda, casi todas las madres tratamos de crear una atmósfera grata para que los niños coman, pero, al parecer, no basta para que ellos se entusiasmen con los alimentos.

Los pediatras señalan que uno de los motivos más frecuentes por el que las mamás acuden con sus hijos menores de un año a consulta es que, según ellas, los pequeños muestran falta de apetito o comen mal. Esto produce angustia en las madres, que enseguida imaginan que sus hijos se van a desnutrir, tienen parásitos o padecen alguna enfermedad, lo que crea una situación tensa en la relación con los pequeños.

"Todos los días hago enormes esfuerzos para que mis hijos coman bien. Compro frutas y verduras de primera calidad; les cocino lo que más les gusta, y ni siquiera así comen. Obviamente, hago 'circo, maroma y teatro' para que lo hagan. Incluso, muchas veces los persigo por la casa cuchara en mano para que al menos prueben lo que les preparé. Parece mentira, pero cuanto más grandes, más difícil es que coman", afirma Ileana Aguilar, madre de Gerardo, de 12 años de edad, Sofía, de 10 y Omar, de siete.

La nutrición camuflada exige cierta astucia, ¡pero los resultados son sorprendentes!

MINDELL

Yo no he llegado tan lejos en mis afanes porque se alimenten nutritivamente, pero sí he hecho la travesura de esconder un huevo en un licuado de fresa con la inocente creencia de que mi hija no lo notará. No es así. Los pequeños son muy astutos y ella observó que el licuado tenía mucha espuma, lo que le pareció muy extraño. Llegó y me dijo: "Mamá, ¿me puedes preparar mi licuado como lo haces todos los días?" Le respondí que lo había preparado exactamente como lo hacía siempre. Ella insistió en que eso no era verdad y que entonces no se lo tomaría.

¿Alguna vez te han querido dar gato por liebre? Seguro que sí. ¿Qué te parecería llegar a un restaurante, pedir un filete de sirloin y que te sirvieran otro corte, lo ocultaran entre una abundante guarnición de verduras y te lo cobraran como si fuera sirloin? Te levantarías y te marcharías molesto afirmando que no te tomarán el pelo y que de ninguna manera pagarías la cuenta, ¿verdad? Pues lo mismo pasa con los niños.

¿Por qué les decimos que se trata de un platillo cuando sabemos que es otro?

He escuchado a muchas madres sostener que en la alimentación de sus hijos, como en el amor y en la guerra, todo se vale. Nada más falso. Lo afirmo por experiencia. He recurrido a mil y un trucos para hacer que mis chicos coman, sobre todo con Lucía, mezclo alimentos que no le gustan, pero ella siempre lo nota y acabamos peleando.

En su libro *Child of mine*, Ellyn Satter asegura que una buena alimentación infantil demanda la división de responsabilidades. Los padres deciden qué, cuándo y dónde ofrecen los alimentos a sus hijos; éstos se encargan de la cantidad y deciden si los comen o no.

"Los padres son responsables de qué se ofrece de comer y de cómo se presenta. Los niños son responsables de la cantidad que ingieren y de la decisión de comer o no comer", señala Satter.

Los estudiosos de la psicología infantil tampoco están de acuerdo con que en nombre de "una buena alimentación" se cometan atropellos de todo tipo contra el niño; por ejemplo, permitirle que coma cuando quiera y lo que quiera, sin disciplina ni horario.

Otra situación nada recomendable es encender el televisor a la hora de la comida y premiar de esa forma al niño si come bien. Menos aún debe sobornársele con que si se termina todo tendrá derecho a golosinas.

La doctora Magdalena Cerón, pediatra adscrita al Servicio de Urgencias del Hospital Infantil de México "Federico Gómez", indica:

> Es importante tener presente que, entre los dos y los seis años, el pequeño está en una edad en la que el sentimiento de independencia y la necesidad de explorar su medio lo convierten en un ser

inquieto, con poca consciencia de los límites; además, su tiempo y atención se centran en juegos y nuevas experiencias, por lo que se rehusará a sentarse a comer disciplinadamente.

Durante este periodo el chico no acepta ayuda, desea comer solo, lo cual incomoda a muchas madres porque tira la comida, se ensucia y no come bien; pero ésta es una de las principales causas por la que los niños dejan de comer y establecen rivalidad con quien los alimenta.

El ambiente en el seno familiar es una causa poderosa para justificar cómo comen nuestros hijos. Así, cuando hay problemas emocionales en el hogar y los niños perciben un ambiente agresivo, hostil, violento o incluso indiferente hacia ellos pueden manifesar angustia y malestar por medio de conductas rebeldes a la hora de comer.

En el fondo, buscan llamar la atención de los padres o adultos que los rodean; sin embargo, lo único que logran es hacerlos estallar y crear un círculo vicioso de tensión, regaños y ceños fruncidos. Muchas veces el niño termina por sacarse la comida de la boca y arrojarla debajo de la mesa.

"Eso sólo sucede en las películas", dice mi amiga Georgina Karam, quien no tiene problemas con la alimentación de sus dos hijos. Ellos comen estupendamente bien y por eso Georgina no puede creer que eso pase en la vida real de miles de familias.

"En varias ocasiones he tenido que recurrir a dar algunas nalgadas a mi hija Dalia, porque escupe la comida cuando no la veo. O la envuelve en una servilleta y finge que ésta se cae al suelo. No

Algunas madres sostienen que en la alimentación de sus hijos, como en el amor y en la guerra, todo se vale. Cuidado, esto además de ser falso, también podría resultar peligroso para el desarrollo de los niños

me había percatado de ello, pero un día la joven que nos ayuda con los quehaceres domésticos vio la servilleta llena de trozos de carne debajo de la mesa y me la enseñó. Ya imaginarás cuál fue mi reacción", comenta Marisa Hernández.

Esta mamá, como tantas otras con niños que esconden los bocados, no ha logrado resolver el problema de la alimentación de su hija, pero con su actitud —ya se lo dijo el pediatra— lo único que logrará es que la niña deje de comer al obligarla cuando no lo desea.

Los psiquiatras infantiles Martín Maldonado Durán y Manuel Sauceda-García, autores del artículo "Evaluación clínica y tratamiento de los problemas de alimentación", exponen:

Estas relaciones son de control excesivo y ansiedad respecto a la alimentación del niño. Hay otras posibilidades, entre ellas: ideas distorsionadas sobre la nutrición, ofrecer insuficiente cantidad de alimentos, esperar una ingestión excesiva, no proveer un nutrimento adecuado. Tal vez se presente una escasa correspondencia las características del niño y las expectativas de los padres.

Algunas familias tienen mitos generacionales que afectan la percepción de la forma en que se alimenta a los hijos. Por ejemplo, en algunas se insiste en que los niños se ajusten a prescripciones, entre ellas:

▶ No hablar cuando se come.
▶ Comer todos los alimentos del plato.
▶ No tirar la comida y, por tanto, consumirla toda.
▶ Los niños no deben beber líquidos sino hasta terminar la comida.
▶ Si el niño no come algo es porque está manipulando a sus padres.

Fuente: Maldonado y Sauceda.

Como padres de familia intuitivos, aunque la intuición esté cada vez más en desuso, sabemos cuándo los niños no quieren comer porque se sienten mal. También nos damos cuenta cuando el pequeño no quiere, simplemente porque no se le antoja comer. Por eso es importante, antes que todo, desechar algún problema de salud o trastorno alimenticio del chico cuando éste se muestre inapetente. Después vale la pena preguntarnos qué errores podríamos estar cometiendo en este aspecto de la crianza de nuestros niños.

De acuerdo con el doctor Arturo Soria Magaña, psiquiatra de niños y adolescentes en el Hospital Infantil de México, algunas de las equivocaciones más comunes son:

1. Malos hábitos: obligar al niño a comer cuando no tiene hambre o después de haberle permitido ingerir golosinas o refrescos.
2. Obligarlo a comer lo que a nosotros nos gusta, pero sin haberlo inducido a ese tipo de alimentos desde temprana edad, negarle lo que a él le apetece y a repetir.
3. Darle los alimentos en la boca, aun cuando ya tiene la capacidad motora para comer solo.
4. Hacerle ingerir la cantidad de alimentos que nos satisface a los adultos, cuando lo deseamos y en el tiempo (a veces inadecuado) que nosotros establecemos.
5. Forzarlo a comer más porque nos parece que no ingiere lo suficiente, aunque, por lo general, sea un niño sano con el peso y la talla adecuados.

Para bien o para mal, alimentar a nuestros hijos es una de las tareas más importantes que debemos desempeñar como padres; pero, también, una de las más difíciles y agotadoras. Esta situación se presenta desde que nacen los niños. La primera pregunta que nos planteamos como madres es "¿amamanto o no a mi hijo?"

Se entiende por *nutrición* el conjunto de procesos mediante los cuales el organismo recibe, transforma y utiliza elementos químicos contenidos en los alimentos. Estas sustancias constituyen los materiales esenciales para el mantenimiento de la vida.

La *alimentación* es, en cambio, la forma en la que le proporcionamos al cuerpo esos alimentos indispensables.

Cada vez son más las mujeres comprometidas con la lactancia materna; no obstante, aún persiste una serie de mitos y falsas "realidades" respecto a la alimentación con leche materna: "No tienes suficiente leche", "ese bebé se quedó con hambre", "nunca sé cuánto comió mi niña", "se queda con hambre y lo tengo que tener todo el día pegado a mí", y así continúa la larga lista de quejas y pretextos.

Por otro lado, nada más alejado de la realidad que la tierna imagen de una madre amamantando a su hijo. Yo di pecho a mis dos hijos durante más de seis meses y fue una tarea sumamente ardua, agotadora, demandante; nadie podía ayudarme o sustituirme en los momentos de la alimentación. Lo más difícil son los primeros 10 días. Pasado ese lapso empieza a ser más sencillo encontrar el mejor modo de hacerlo. Sin embargo, debemos cuidar que el niño no nos tome de chupón, evitar que se nos agrieten los pezones y eliminar de la dieta materna una serie de alimentos porque sólo de imaginarlos el bebé se enferma del estómago.

Pese a estas molestias, la lactancia es una experiencia agradable y, ciertamente, con ella se establece un vínculo muy estrecho con la criatura.

"No pude amamantar a mi hija. Se me fue la leche", dice Elisa Garduño. Ella optó, con la instrucción pediátrica, por darle "fórmula" y la bebé está enorme, gorda y rozagante. En cambio, Beatriz Pereira dio pecho a sus dos hijas y ambas son muy delgadas, finas y pequeñas para su edad. ¿Tiene que ver la calidad de la leche materna? Por supuesto que no, afirman los pediatras. Toda la leche materna es la misma: aunque influye la alimentación de la madre, nutre de la misma forma a los niños.

> *Los bebés recién nacidos deben alimentarse libremente. Los pechos de su madre están ahí para él y por ello puede utilizarlos cada vez que lo desee.*
>
> LEACH

Los pediatras también indican que, en efecto, la "fórmula" tiende a engordar a los menores, pero lo que ellos necesitan los primeros tres meses de vida es leche, y si es materna, mejor.

La mayor parte de los pediatras no está de acuerdo con la afirmación de que "la leche se va". Es evidente que si el bebé no succiona no hay producción de leche, y muchas mujeres que no pueden amamantar se sienten desesperadas al pensar que su hijo no come y entonces se dan por vencidas. Por eso creo que saber sobrellevar los primeros días es la clave para alcanzar con éxito la etapa inicial en la alimentación del bebé. Esto sin contar el tiempo que permanecemos en el hospital.

A algunas personas de estas instituciones no les agrada la idea de que las madres den pecho a sus hijos porque ello implica más trabajo y llantos en el cunero. De hecho, las enfermeras son siempre las primeras en desalentarnos con sus amigables palabras: "Madrecita, creo que usted no tiene leche, mejor me llevo a su bebé y allá, en su cuna, le damos su alimento y ya comido lo vuelve a intentar".

Los pediatras también indican que, en efecto, la "fórmula" tiende a engordar a los menores, pero lo que ellos necesitan los primeros tres meses de vida es leche, y si es materna, mejor

Claro, el niño regresa al poco tiempo muy bien alimentado y lo que menos quiere es succionar el pecho. Es como si nos obligaran a seguir comiendo después de un espléndido banquete. Así, ¿cómo no se va a boicotear la lactancia? Ése es nuestro primer acercamiento a la alimentación infantil. ¿Tortuoso, verdad?

Nuestro siguiente conflicto con la alimentación —y digo *conflicto* porque muchas mamás así lo hemos experimentado— es con las papillas, los purés y los productos envasados para bebé. ¿Qué será mejor darle?, nos preguntamos todo el tiempo.

"Me preocupa que las calabazas no estén bien hervidas y entonces hagan daño a mi bebé", comenta Claudia Corona, madre primeriza.

Otras mamás se justifican todo el tiempo por dar purés envasados a su hijo: "No quisiera darle purés comprados porque el pediatra me dijo que era mejor que yo hiciera las papillas". Sienten que por hacerlo no son buenas madres. Otras, muy románticas, prefieren hacer todo ellas mismas: comprar lo más fresco en el mercado, desinfectar, hervir, licuar, etcétera. Y lo hacen principalmente cuando el bebé es su primer hijo. Con el segundo todo es más sereno y mucho menos complicado.

La alimentación de su hija ocasionaba a mi amiga Angélica un conflicto interno tan grande que su esposo preparaba las papillas... ¡hasta con una semana de anticipación! Ellos creían que les quitaría mucho tiempo cocinarlas a la hora de la comida y preferían congelarlas, hasta que el pediatra les llamó la atención por preparar la comida para una bebé de seis meses con tanta antelación. Y me parece que el médico tenía razón: no es tan complicado ni quita mucho tiempo hervir un chayote y licuarlo. Ellos, por supuesto, cambiaron de pediatra.

La niña, que hoy tiene 12 años de edad, come muy mal: detesta la fruta y la verdura, lleva papas fritas de refrigerio a la escuela y constantemente bebe jugos envasados.

El gusto o el malestar que transmitamos a los niños respecto a la comida será el que perdure en ellos hasta que sean adultos.

En su libro *Comidas sanas, niños sanos*, la experta en nutrición Bridget Swinney ofrece a los padres una serie de recomendaciones para lograr una alimentación saludable. Además del nutrimental, el término *saludable* comprende aquí también los aspectos social y psicológico que deben cubrir los alimentos.

En primer lugar, nunca se debe sobornar ni obligar al pequeño a que coma. De acuerdo con Swinney:

> Los estudios llevados a cabo demuestran que los niños nacen con un control adecuado de la ingesta de alimentos. Comen cuando tienen hambre y dejan de comer cuando se sienten saciados. Somos los adultos quienes enseñamos a los niños que deben comer en las horas de las comidas, incluso si no tienen hambre. Un niño al que se obliga a comer pierde su capacidad natural para controlar la ingesta de alimentos. Esto puede dar lugar a trastornos de la conducta alimenticia como la anorexia, la bulimia, u otros problemas como comer de manera impulsiva y que pueden persistir de por vida.

En segundo lugar, dice la profesional, como padres de familia no debemos perder de vista que la principal influencia para nuestros hijos somos nosotros; de esta manera, si no nos ven comer fruta, verdura o beber leche, tampoco ellos lo harán.

> **El gusto o el malestar que transmitamos a los niños respecto a la comida será el que perdure en ellos hasta que sean adultos**

Una tercera recomendación es hacer de las horas de comida momentos agradables de comunicación y convivencia familiar. Estos ratos son muy importantes para desarrollar las habilidades sociales, aparte de ser muy útiles para enseñar buenos modales en la mesa.

"Si es posible", expone la autora, "integra a los niños en la elaboración de los alimentos y en la limpieza de la cocina después de comer. A nadie le cuesta trabajo recoger su plato, ponerlo en el fregadero e incluso lavarlo".

Una recomendación más para los padres es evitar al máximo que la hora de la comida se convierta en una lucha de poder. Permitirlo puede desarrollar en el niño conductas negativas respecto a los alimentos.

La sugerencia más difícil de tener en cuenta es la de aceptar las manías y remilgos de nuestros hijos como parte de un periodo de la vida que tarde o temprano superarán. Y si no lo creemos, pensemos en nuestras mañas infantiles respecto a los alimentos. ¿Nos gustaba todo lo que nos daban de comer cuando éramos infantes? Espinacas, berros y brócoli eran vegetales que yo simplemente no podía ver. Me los servían y podía estar dos horas contemplándolos frente a la mirada de mi madre, a quien asombraba ver la repugnancia que me causaban. Hoy, lo digo con mucho orgullo, son mis preferidos y puedo comerlos hasta el cansancio.

Mi esposo no tolera las nueces y, por supuesto, Lucía no soporta su olor, pero Daniel, quien tiene una magnífica relación con la comida, las come de muy buena gana.

"Mis hijos asistían a una escuela donde se aplicaba el método Montessori y las mamás nos encargábamos de llevar el refrigerio para todos los niños una vez a la semana, y los pequeños lo mismo podían comer pastel de carne que ensalada de coliflor o alguna fruta. Ahí fue donde aprendieron a comer de todo, y si bien no son fanáticos de la comida y hay algún platillo que rechazan, aprendieron a comer sin remilgos", expone María José Rodríguez, madre de Pablo, de 11 años, y de María, de nueve.

Saber cómo introducir nuevos alimentos en la dieta de nuestros hijos es otra de las recomendaciones. No conviene desesperarse si el niño no brinca de felicidad al saber que hay algo nuevo en su plato; es mejor darle tiempo para que lo disfrute. Intentémoslo una y otra vez, no "tiremos la toalla", tengamos paciencia.

Mi hijo no come bien, ¿estará desnutrido?

De acuerdo con el médico José Alberto García, la desnutrición en los niños es un problema que se presenta con mayor frecuencia durante los primeros cinco años de vida. Esta situación surge, la mayoría de las veces, por el consumo de dietas inadecuadas que ofrecemos los padres, y no necesariamente porque en nuestros hogares falten los alimentos, sino porque nuestros conceptos de qué debe comer un niño están equivocados.

El peso es, según el galeno, el primer parámetro que hemos de evaluar si queremos conocer el estado de nutrición de nuestros hijos. Si bien no hay que obsesionarse con el peso, sí es necesario que el pequeño crezca de acuerdo con su edad.

Otro elemento que ha de considerarse al evaluar si un niño está desnutrido es su comportamiento.

	PESO		TALLA	
	Kilogramos		Centímetros	
	Niña	Niño	Niña	Niño
Mes 1	3.9	4.2	53	54
Mes 3	5.5	6	59.5	61
Mes 6	7.3	7.8	66	68
Mes 12	9.6	10	74.5	76
Año 2	12.3	12.5	85.7	87
Año 3	14.2	14.5	94	95
Año 4	16.2	16.5	101	102
Año 5	18.2	18.5	107	108
Año 6	20.3	20.7	113	114
Año 7	22.6	23.1	119	119
Año 8	25.3	25.7	124	125
Año 9	28.3	28.7	130	130
Año 10	32	31.9	136	135

De acuerdo con el médico:

El niño con desnutrición leve mantiene su actividad física, pero se cansa más rápido que sus compañeros, empieza a distraerse y se le ve triste. En casos más avanzados, la actividad física del pequeño se ve afectada, ya no quiere jugar como antes, es poco activo y está afligido.

Dentro del cuadro de desnutrición severa el niño casi no se mueve y no se interesa por lo que sucede a su alrededor, es decir, se vuelve apático.

Una dieta equilibrada y completa debe incluir los tres grupos de alimentos en cada comida: vegetales, cereales y proteínas. El alimento es fundamental para el crecimiento sano del chico; sin embargo, hay que atender de inmediato cualquier situación que preocupe a la mamá, ya que las enfermedades repetidas y mal atendidas son causa de desnutrición.

A pesar de que los expertos recomienden asumir una posición respetuosa respecto a la alimentación de los niños, hay que hallar la mejor forma de satisfacer las necesidades del cuerpo para que funcione adecuadamente. En palabras de Szamos, los padres son quienes ponen en el refrigerador y la alacena los alimentos que van a cubrir esas necesidades, son ellos quienes eligen lo que habrá en la mesa.

Szamos sostiene: "Elegir qué comer es un asunto personal y los adultos podemos dar opciones a los niños para que ellos ejerciten su derecho a elegir y se hagan cargo de la responsabilidad correspondiente. Podemos permitir que desarrollen hábitos de alimentación a partir de aquello a lo que nosotros le damos importancia".

"Estoy muy arrepentida de haberme preocupado tanto por evitar que mi hija Gina subiera de peso. Hoy tiene 11 años y ya está a dieta. Según el pediatra parte del problema es hereditario, pero la otra parte la causé yo por fastidiar tanto a la niña para que no comiera. Eso la obligaba a comer dulces y comida 'chatarra' a escondidas", dice Georgina García, mamá de Gina, de 11 años de edad, y de Montserrat, de siete.

> *La hora de la comida es para hablar y reír con todos los miembros de la familia.*
>
> TANSY

Los expertos en nutrición señalan que la delgadez no es sinónimo de desnutrición, ni la obesidad de salud. El sobrepeso es causado por un desequilibrio energético, lo que significa que la actividad física del pequeño es insuficiente para compensar el consumo de alimentos, aunque la genética desempeña un papel importante.

Swinney señala que en nuestras ajetreadas vidas los platos preparados y la comida rápida en cualquier restaurante sustituyen al almuerzo y a la cena tradicional. Al mismo tiempo, los juegos de computadora y la televisión están remplazando la diversión al aire libre, lo que de alguna manera ha contribuido a que haya niños obesos o con cierta dosis de sobrepeso.

Enfrentar el problema sin angustia ni culpa es parte de la solución. Los padres debemos asumir la responsabilidad de lo que permitimos y ofrecemos a los niños para comer.

Daniel, mi hijo, es muy delgado y alto. Su peso está por debajo del promedio de los niños de su edad y su altura está por encima. Debo confesar que durante muchos años su esbeltez me preocupaba, sobre todo cuando tenía que convencer a quienes lo conocían de que se alimentaba muy bien y que desde el día que nació el médico me dijo que sería un niño alto y delgado.

El niño era, y es, flaco, y yo me sentía profundamente culpable de su peso, a pesar de que me esforzaba por alimentarlo bien. Esta culpa duró mucho tiempo, hasta que un día observé cuán bien comía. Alimentarlo no implicaba ningún tipo de guerra. El chico comía de todo, a veces hasta pedía que le sirvieran más espinacas, verdura odiada por gran parte de los niños que conozco.

Decidí que debía dejarlo en paz respecto a su peso y al funcionamiento de su estómago. Juro que me quité de la espalda una gran carga.

Con Lucía sucede exactamente lo contrario. Ella es delgada y pequeña, no come de todo y tiene una madre que si bien sabe que la cantidad de comida ingerida es responsabilidad de la niña, la presiona todo el tiempo para que coma. La amenazo, la chantajeo, le suplico. Espero darme por vencida pronto, pues creo que parte del problema soy yo.

La mayoría de las madres a quienes he entrevistado afirma que la alimentación ha sido un factor conflictivo en la relación con sus hijos.

"Creo que nos falta información y conocimiento sobre los beneficios de algunos alimentos, sobre lo que necesita nuestro cuerpo y, principalmente, no tenemos confianza en los niños como para dejar que sean ellos sus propios reguladores alimenticios. Si los niños comen mucho nos quejamos, y si comen poco también nos quejamos. Mi hijo Eduardo come como si trabajara, pero Jorge, el pequeño, lo hace como si estuviéramos en guerra", dice Ana María Gutiérrez.

Guadalupe de García también se lamenta porque, para su gusto, dos de sus hijos comen demasiado, mientras que la niña come casi nada. Somos muy exageradas. La pediatra de Lucía y Daniel siempre me lo dice: "María, te quejas de que la niña no come y yo veo que crece y aumenta de peso".

Recuerdo que cuando Daniel era muy pequeño yo sufría porque, desde mi punto de vista, el niño no comía. Un día la doctora me preguntó: "¿Qué comió el niño el día de hoy?" Respondí que había comido una pera en el desayuno, pollo con espinacas a mediodía y leche en la noche.

"María", me dijo, "deja de quejarte; de verdad no sabes lo que es tener problemas con un niño que no come. Podría comer sólo una manzana y un pedazo de tortilla y, aun así, seguiría creyendo que tu hijo come bien".

Alimentación y desarrollo

Durante la lactancia de mis hijos, atravesé una etapa muy difícil y ocurrió entre las semanas 10 y 12 después de su nacimiento. Re-

Los expertos en nutrición señalan que la delgadez
no es sinónimo de desnutrición ni la obesidad
de salud

cuerdo que Daniel lloraba y lloraba porque se quedaba con hambre y yo lo tenía pegado a mí todo el día.

Las mujeres sabias de la Liga de la Leche me decían: "Por favor no vayas a desertar; este periodo se llama *de crecimiento repentino* y dura dos o tres semanas, en las que el niño crece muy rápido y necesita más leche".

Según los expertos, la etapa más tranquila en la alimentación infantil es precisamente la de la lactancia. Ninguna madre que amamante a su hijo lo creerá, menos aún si son las tres de la mañana, la criatura llora de hambre y hacemos hasta lo imposible por no cerrar los ojos y quedarnos dormidas.

Durante los primeros meses lo único que los niños necesitan es leche, de preferencia, materna. De los cuatro a los seis meses, de acuerdo con las convicciones de nuestro pediatra, podemos ofrecerles alimentos semisólidos: purés o papillas de fruta, verdura y después mezcladas con pollo, hígado o ternera. Esta etapa de la alimentación puede resultar divertida o puede ser recordada como una tortura.

Al año de haber nacido los niños quieren comer solos, arrojan todo fuera del plato, se levantan de la silla y "comen hasta por los codos". El mejor testimonio son las bocas llenas de puré de calabaza que abundan en muchos álbumes fotográficos.

"Al final del primer año el niño habrá completado el periodo de crecimiento más acelerado de toda su vida: generalmente triplica su peso al nacer", señala Kathleen Moloney, autora del libro *Cómo alimentar a sus hijos*.

Otra etapa importante en el desarrollo de los pequeños es cuando alcanzan los tres años de edad. Durante este periodo, en el que literalmente están descubriendo el mundo, lo que menos les interesa es perder el tiempo comiendo, y si acaso logramos mantenerlos sentados será porque les interesa meter las manos en el plato y sentir la textura de los alimentos.

En esta etapa es importante enseñarle a establecer una buena relación con los alimentos. Más vale no caer en la tentación de permanecer preocupados porque creemos que el chico no se alimenta como debiera. Tomemos las cosas con calma y pongámoslas en perspectiva: los niños crecen muy rápido y el día menos pensado dejarán de ensuciarse al comer, podremos hablar con ellos durante la hora de la comida e incluso nos pedirán que les preparemos sus platillos favoritos.

La niñez es la época en la que se forja la estructura básica de la personalidad, se aprende a resolver problemas y se adquieren los conocimientos básicos en los que se finca la cultura. La alimentación es fundamental porque determina el desarrollo del niño en todos los aspectos: biológico, psicológico y social.

MARVÁN

Natalia Rojas tiene tres hijos: Sebastián, de 10 años de edad, Teresa, de ocho, y María, de cinco. Comenta que la experiencia de la alimentación con su primer hijo fue verdaderamente dura: "Todo el tiempo estaba tentada a llamar al pediatra para que le mandara a Sebastián algún suplemento alimenticio porque veía que no comía y se le iba el tiempo en jugar. Lo hablé con una amiga, quien tiene hijos un poco más grandes que los míos, y me dijo que evitaba establecer horarios de comida en los momentos que sus hijos tenían mucha energía.

Además, les daba un par de bocados y les permitía retirarse de la mesa; a los pocos minutos regresaban por su siguiente cuota de comida.

Cuando me habló de su experiencia, lo primero que me vino a la cabeza fue la imagen de un par de niños malcriados que comen a la hora que les da la gana y tienen una madre que los solapa. Pero después pensé en la forma de comer de los hijos de mi amiga y recordé que son excelentes preadolescentes.

Puse en práctica sus consejos hace muchos años, y hoy mis tres hijos comen muy bien, principalmente Teresa, quien tiene el paladar más difícil de agradar".

Por lo regular, entre los tres y los cinco años de edad los niños ya dominan el arte de comer, y generalmente han sido incorporados al menú familiar. Moloney afirma que una característica de los niños en edad preescolar es cierta susceptibilidad a lo que ven y oyen.

> Lo bueno es que empiezan a imitar el buen comportamiento de los demás; lo malo es que comienzan a prestar atención a la publicidad, y mucho antes de saber la capital del estado en el que viven conocen todos los detalles de los cereales y las galletas de su preferencia.

En la etapa de desarrollo siguiente, cuando los niños ya asisten a la escuela primaria, perfeccionan su relación con los alimentos nutritivos y con los que no lo son tanto. Moloney señala que los escolares reciben la influencia de los amigos y se sienten "irresistiblemente atraídos" por el encanto de las dulcerías y las máquinas que por unas monedas entregan golosinas de todo tipo: chicles, chiclosos y caramelos. "Por favor, mamá, cómprame esos dulces, son los que anuncian en la tele y además todos mis amigos los comen", escuchamos decir a nuestro hijo.

En este periodo del crecimiento una de las comidas más importantes es el desayuno. Numerosos estudios han demostrado que los niños que desayunan bien son menos inquietos, se concentran mejor y pueden resolver problemas más fácilmente que los chicos que no lo hacen.

En su libro *Dietas normales y terapéuticas, los alimentos en la salud y en la enfermedad*, Leticia Marván ofrece una serie de recomendaciones alimenticias para poner en práctica con nuestros niños en edad escolar. Conviene planificar almuerzos o comidas familiares apetitosas, variadas y equilibradas que permitan a los chicos gozar de la alimentación y de la hora de la comida.

También es importante incluir en el plan diario de alimentación el desayuno y, adicionalmente, un refrigerio sustancial, de manera que se promuevan el buen desempeño escolar y la adecuada actividad física. Durante el desayuno debe haber suficiente tiempo para que el niño coma sin prisa o ansiedad y logre una buena masticación.

Valdría la pena planear el refrigerio escolar con la ayuda del menor. De preferencia buscar bocadillos sabrosos, sencillos, fáciles de conservar y nutritivos.

"Cada domingo por la mañana mi hijo y yo elaboramos una lista con el *lunch* para toda la semana. Le ofrezco una variada selección de bocadillos y él los escoge y decide qué comerá cada día. Esto me facilita tanto la preparación como la adquisición de lo necesario", comenta Gabriela Remus, mamá de Guillermo, de 11 años de edad.

Simplifiquemos la relación alimenticia con nuestros hijos: pensemos en sus necesidades nutrimentales pero no nos preocupemos demasiado si de repente adquieren algún hábito extraño como el de comer un solo alimento tres veces al día durante dos o tres semanas. Tampoco vale la pena agobiarnos en exceso si come golosinas en fiestas infantiles.

La clave radica en tener el refrigerador y la alacena con alimentos nutritivos, de manera que si deciden visitarlos todo el día, tengamos la certeza de que se están nutriendo.

Comidas atractivas para los niños

Podemos ofrecerles:

- Variedad: planear los alimentos para varios días, incluso para la semana, pues permitirá a quien se encarga de la preparación no repetir las comidas muy seguido.
- Color: aprovechar todos los colores de los alimentos. Las comidas llenas de colorido son más atractivas.
- Textura: incluir alimentos que sean tostados, chiclosos y suaves, pues eso los vuelve interesantes para el chico.
- Aroma: preparar comidas que tengan buen olor. Hornear pan y cocinar con especias como la canela son ejemplos de aromas que estimulan el apetito.
- Arreglos: colocar las comidas sobre el lugar apropiado y que no se toquen entre sí. Algunos niños no toleran que esto ocurra. Poner cuidado en que los alimentos luzcan bien en el plato.
- Selección: cuando sea posible, permitir que los niños escojan los alimentos que les gustaría comer. Puedes hacerlo, por ejmplo, al ofrecer una variedad de frutas y vegetales.

▶ Independencia: permitir que los niños se sirvan ellos mismos. Poco a poco, les gustará comer lo que les ofrecen y empezarán a tomar responsabilidad de sus buenos hábitos alimenticios.

Preguntas

Una de nuestras preocupaciones centrales como padres de familia es la alimentación infantil.

1. ¿Creamos una atmósfera agradable para dar de comer a los niños?
2. ¿Nos esmeramos en arreglar bien la mesa para nuestros hijos, es decir, ponemos flores, mantel limpio, etcétera?
3. ¿Mentimos a nuestros hijos respecto a lo que les ofrecemos de comer?
4. ¿Aprovechamos las horas de comida para regañar a los niños o tratamos de que sean momentos agradables?
5. ¿Recurrimos a actitudes suplicantes para que nuestros hijos coman todo lo que les servimos?
6. ¿Sabemos cuáles son los platillos favoritos de nuestros hijos?

Capítulo tres

Cómo entender el vocabulario nutrimental

¿*E*res de las típicas mamás que cuentan las raciones de proteínas, minerales y vitaminas que consumen tus hijos diariamente? Yo no he llegado a ese punto de mortificación, pero durante algún tiempo, sobre todo cuando los niños eran pequeños, sí trataba de cubrir sus necesidades nutrimentales y me apegaba a todo lo que los libros decían.

Eso no significa que hoy ya no me importe. Simplemente, el tema dejó de angustiarme. Tampoco me quita el sueño si en algún momento deciden comer una golosina. Tengo la fortuna de que mis hijos no se sienten muy atraídos por los sabores de las paletas, los caramelos, los pastelitos ni las galletas. Tampoco los refrescos son de su agrado. Algo bueno me dejaron mis preocupaciones por evitar hacerlos fanáticos de las golosinas: mis hijos no son adictos a ellas.

Este capítulo no pretende ser una clase de nutrimentos. Es, más bien, un esfuerzo por transmitir a los lectores, de manera sencilla, algunas definiciones de nutrientes de acuerdo con la Norma Oficial Mexicana (cuyo propósito es establecer los criterios generales que unifiquen y den congruencia a la orientación alimenticia dirigida a brindar nociones prácticas a la población con respaldo científico, para la integración de una alimentación correcta) y con la experiencia de algunas madres en el arte de preparar la comida a los niños.

Lo más elemental, y todos los padres lo sabemos, es que los lácteos no pueden faltar en la etapa de crecimiento del niño, ya que son indispensables para su desarrollo. Esto viene a colación porque desafortunadamente muchos de nosotros imponemos nuestros gustos y creencias en la alimentación de nuestros hijos, y eliminamos en consecuencia productos cuya ausencia en el régimen alimentario infantil puede generar serios problemas.

Los expertos en nutrición están de acuerdo en que carnes, frutas y verduras, cereales, legumbres, lácteos y grasas de origen animal no deben faltar en el menú diario del niño. Sin duda, las costumbres familiares determinan los gustos y las conductas alimentarias de éstos. El problema surge cuando aplicamos a la alimentación de los chicos las recomendaciones que los médicos nos dan como adultos, con lo que los privamos de una serie de nutrimentos básicos para su organismo.

Raquel Burrows, endocrinóloga infantil del Instituto de Nutrición y Tecnología de Alimentos de Chile, en su artículo "Nutrientes esenciales, calorías por edad" destaca:

> El riesgo de estas actitudes es serio, ya que si bien hay factores del crecimiento que están determinados por los genes, es probable que si el infante no tiene una alimentación óptima en calidad y cantidad, ese potencial genético no se desarrolle en todas sus posibilidades, o incluso que su funcionamiento sea deficiente. Algunos

casos pueden ser llevados a extremos peligrosos, como eliminar totalmente la leche de la dieta diaria, las carnes rojas o algunas verduras. Son precisamente esos alimentos los que, junto a otros productos, constituyen la materia prima para el desarrollo y crecimiento de un infante.

La tradicional pirámide alimentaria en México ha empezado a sustituirse por el concepto del "plato del bien comer". En éste se recomienda incluir al menos un alimento de cada grupo en cada una de las tres comidas del día; ingerir la mayor variedad posible de alimentos de acuerdo con nuestras necesidades y condiciones y consumir la menor cantidad posible de grasas, aceites, azúcares y sal.

Kati Szamos afirma que los doctores, los científicos y los expertos en nutrición pueden proporcionar información de todo tipo sobre la buena alimentación, pero es responsabilidad de los padres y los maestros aplicar esa información y apoyar el desarrollo gradual de conductas sanas en el menor.

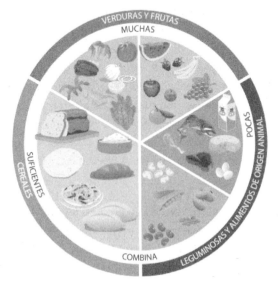

Las vitaminas son básicas

El amor es al desarrollo emocional del niño lo que las vitaminas a su cuerpo, aunque —como afirma el especialista en nutrición Earl Mindell— el amor a los hijos nunca puede resultar excesivo. Las vitaminas, consideradas como nutrientes esenciales para el funcionamiento del cuerpo, son las encargadas de regular y hacer que funcione normalmente el metabolismo de los seres humanos. Si bien el organismo infantil requiere de cantidades pequeñas, su ausencia pone en peligro toda la maquinaria orgánica del niño.

La vitamina A, por ejemplo, ayuda a la vista, a tener una piel saludable y ofrece resistencia a infecciones y bacterias. Esta vitamina se obtiene consumiendo verdura anaranjada o amarilla (zanahoria, calabaza, camote); consumiendo hojas verdes como las del brócoli, la espinaca, la acelga, el nopal, el perejil y el cilantro. También se puede encontrar vitamina A en frutas como el durazno, el melón, el chabacano, el mango y el mamey. El hígado de res también contiene vitamina A, así como la leche entera, el queso y la mantequilla.

La vitamina B, en todas sus variedades, ayuda a favorecer el apetito, contribuye a la digestión, mantiene el funcionamiento normal del sistema nervioso, de los músculos, del corazón y mejora la actividad intelectual. La verdura verde contiene un poco de vitamina B, pero su despensa natural la encontramos en los cereales integrales como la avena, el amaranto y el germen de trigo, las almendras, las nueces y las semillas de calabaza. El hígado, el pescado y los cacahuates también nos ofrecen esta vitamina.

Carnes, frutas y verduras, cereales, legumbres, lácteos y grasas de origen animal no deben faltar en el menú diario del niño

La célebre vitamina C, tan recomendada para la temporada invernal, se encuentra en las frutas ácidas como la piña, la naranja, la guayaba, el limón y la toronja. El jitomate es fuente natural de ácido ascórbico o vitamina C.

Los especialistas afirman que esta vitamina contribuye a prevenir muchas clases de infecciones bacterianas y virales, actúa como laxante natural, disminuye los niveles de colesterol en la sangre y previene el resfriado común.

Para sobrevivir, es preciso consumir vitaminas, ya sea en forma de alimentos o de suplementos dietéticos.

MINDELL

La vitamina D se obtiene con el efecto de los rayos solares sobre la piel y en alimentos como la sardina, el salmón, el atún, los productos lácteos y la margarina.

Una de las funciones principales de esta vitamina es que favorece la formación de huesos y dientes fuertes.

La vitamina E es un antioxidante y contribuye a eliminar la fatiga. Se halla naturalmente en el germen de trigo, aceites vegetales, verduras como el brócoli, las coles de bruselas, los cereales integrales, los huevos y las espinacas.

Respecto a la vitamina K, se sabe que tiene efectos anticoagulantes y se puede encontrar en el yogur, la alfalfa, la yema de huevo, las hojas verdes, la leche y en el aceite de hígado de pescado.

En cuanto a la administración de suplementos vitamínicos para los niños, no todos los pediatras están de acuerdo en prescribirlos. De preferencia, sugieren a las madres ansiosas, el niño ha de recibir las vitaminas que requiere de forma natural.

De acuerdo con el doctor José A. García, las vitaminas no tienen propiedades para activar el apetito ni influyen en el aumento de peso del niño; por lo tanto, los padres no deberán ofrecerlas al chico con esa intención. Según el galeno:

> En una alimentación bien equilibrada, donde se ofrezcan frutas, verduras, cereales y carnes, no debería contemplarse la adición de vitaminas, ya que los mismos alimentos las contienen. Quizá haya periodos en la vida donde sí deberían ofrecerse. Esos periodos podrían ser durante el primer mes de vida y en la pubertad, donde la demanda de vitaminas es excesiva.
>
> En este caso se deberá incluir, además de una dieta equilibrada, una dosis diaria de vitaminas. Ofrecerlas a los niños sin una prescripción médica puede ser peligroso, ya que algunas de ellas, en dosis inadecuadas, intoxican al ser humano. Por consiguiente, sólo se deberán consumir cuando haya una alimentación deficiente o en caso de que se identifique alguna alteración específica por la falta de alguna de las vitaminas señaladas.

Norma Reyes, madre de Daniel y Pilar, de 12 y nueve años, afirma que si bien su pediatra no ha recomendado vitaminas a sus hijos, tampoco se las ha prohibido, por lo que ella se siente más tranquila dándoles cada día una pastilla multivitamínica, además de que nunca les falta vitamina C.

> *Los países que en la actualidad han centrado sus dietas en proteína animal e hidratos de carbono han visto que la falta de verduras que proveen de vitaminas, nutrimentos inorgánicos y fibra provocan un sinnúmero de enfermedades digestivas y obesidad.*
>
> BARROS

Aunque la mayoría de las mujeres entrevistadas afirmaron que no dan vitaminas a sus hijos porque consideran que están bien alimentados, algunas sí han tenido que recurrir a suspensiones que activan el apetito o a dosis adicionales de hierro en jarabe. En la mayoría de los casos, por prescripción médica.

La función de los minerales

Los minerales que necesita el cuerpo pueden obtenerse de varias fuentes, por ello es importante ofrecer a los niños una dieta variada que incluya frutas, verduras, lácteos, carnes, semillas, leguminosas (frijoles, lentejas, habas) y tubérculos (conocemos principalmente la papa y el camote).

El calcio, en combinación con el fósforo, actúa en la formación de dientes y huesos y es uno de los minerales que más abunda en el organismo infantil. Este mineral ayuda a aprovechar el hierro y favorece el paso de los nutrientes por las membranas celulares.

Se encuentra en los lácteos, el salmón, las sardinas, los cacahuates, las legumbres, las hojas verdes, el brócoli, las almendras y en la col china. Además de mantener fuertes a huesos y dientes, alivia los tradicionales dolores infantiles del crecimiento.

El zinc es un importante mineral en el cuerpo de nuestros niños. Es considerado el "policía de tránsito", el que controla los sistemas enzimáticos y celulares para el buen funcionamiento de los procesos fisiológicos. Además de contribuir a la formación de insulina, regula las contracciones musculares en el niño. También se dice que es necesario para el desarrollo adecuado del aparato reproductor y el funcionamiento óptimo del cerebro.

Este mineral se encuentra en las chuletas de ternera, el germen de trigo, la calabaza, las semillas de girasol, la levadura de cerveza y la leche en polvo desnatada.

El flúor es otro mineral de primera necesidad para el fortalecimiento de los dientes y los huesos. Se dice que contribuye a evitar la caries dental.

> **La Academia Estadounidense de Pediatría recomienda 35% de grasa en la dieta de los menores de cinco años**

Se halla en los mariscos, las gelatinas y el agua fluorada. El pediatra de mis hijos, igual que muchos otros médicos, les recetó algunas gotas de flúor durante su primer año de vida para el buen crecimiento de los dientes.

El fósforo tiene una gran importancia en todas las reacciones químicas fisiológicas del organismo infantil y resulta fundamental para la formación de huesos y dientes y el buen funcionamiento de los riñones y el corazón.

Este mineral puede encontrarse en el pescado, el pollo, la carne de res, el huevo, los cereales integrales, las frutas secas y las semillas.

El hierro, uno de los minerales más importantes para el organismo, se encuentra en el hígado, las almejas crudas, las carnes rojas, la avena, los espárragos y la yema de huevo.

Sirve para evitar la anemia, aumenta la energía, proporciona buen color a las mejillas, ayuda al crecimiento y favorece la resistencia a las enfermedades. Además, cumple una función básica en la producción de hemoglobina.

El potasio mejora la capacidad de aprendizaje en los niños, ya que transporta una mayor cantidad de oxígeno al cerebro. Favorece la eliminación de toxinas y ayuda a combatir la diarrea. Es importante saber que la falta de potasio puede generarse por estrés o por el consumo excesivo de alimentos muy azucarados.

Su fuente natural la encontramos en el plátano, las papas, los cítricos, los berros y los vegetales de hojas verdes.

El sodio ayuda a mantener el calcio y otros minerales en la sangre y, en combinación con el potasio, regula los estímulos nerviosos.

Se halla en la sal, los cereales, el tocino y los riñones de res.

El yodo, ubicado en su mayor parte en la tiroides, regula el metabolismo del organismo. Si hace falta yodo al niño, los síntomas serán cansancio y aumento inexplicable de peso. Este mineral favorece el crecimiento, ayuda a la salud del pelo, las uñas, los dientes y la piel; por añadidura, aporta energía y vitalidad.

Un sabio refrán dice que una persona puede vivir semanas sin alimento, pero sólo un día sin agua. El agua, como sabemos, contribuye a la eliminación de los desechos y regula la temperatura natural del organismo. La leche materna es suficiente para satisfacer las necesidades de agua de los bebés, pero cuando empiezan a crecer conviene familiarizarlos con el sabor del agua natural y tratar de que beban de cuatro a seis vasos diariamente.

"Recuerdo que un día pregunté al pediatra de mi hija María del Mar, de 11 años de edad, que si las manchas blancas de sus uñas se debían a una deficiencia de calcio, porque era lo que todo el mundo me decía. El médico se rió y me dijo que de acuerdo con las viejas creencias así era; en efecto, era falta de calcio, pero que en realidad es falta de zinc. Me sugirió que incluyera en su dieta alimentos ricos en este mineral, como el germen de trigo, los huevos, la levadura de cerveza y las semillas de calabaza. Seguí las indicaciones del médico y, además, le di un suplemento de minerales y meses después las manchas desaparecieron", comenta María Pía Masón.

Las famosas proteínas

La primera vez que un especialista en nutrición me preguntó si comía suficientes proteínas le respondí de forma afirmativa, pero sin saber siquiera lo que me estaba inquiriendo. Al llegar a casa comencé a buscar la definición del término y me di cuenta de que las proteínas son actores fundamentales en el organismo humano. En el caso de los niños, sirven para formar tejidos nuevos y reparar las células dañadas, pero también intervienen en la elaboración de enzimas y hormonas, contribuyen a que la sangre esté en equilibrio y ayudan a eliminar los desechos. ¡Cuán importantes son!

Mindell afirma que en el proceso de digestión la proteína se desintegra en compuestos menores, llamados *aminoácidos*, que al llegar a las células del cuerpo de los niños vuelven a convertirse en proteínas. La naturaleza es sabia, ¿no?, y aunque miles de proteínas están compuestas por los mismos 20 aminoácidos, cada una cumple una función específica.

Cabe señalar que los conocedores de los temas nutrimentales indican que no todas las proteínas son completas; algunas son incompletas y es importante combinarlas para que cumplan adecuadamente su papel en el crecimiento de los pequeños.

Es mejor que los padres se ocupen en proporcionar los materiales de construcción física e intelectual y evitar presionar a los pequeños para que rindan.

SZAMOS

Los productos animales son ricos en proteínas completas, en tanto que los cereales, las harinas y algunas frutas y verduras son ricos en proteínas incompletas. Por eso es necesario tener una dieta equilibrada para favorecer el crecimiento del menor.

Sara López, mamá de Emanuel y Lorenzo, de 12 y 10 años de edad, afirma que ella siempre fue enemiga de mentir a los niños respecto a la comida. Siempre creyó que si se le daba algún platillo al niño había que informarle de qué se trataba. Sin embargo, con el tiempo descubrió que su exagerada honestidad afectaba la alimentación de sus hijos, quienes cada vez se volvían más mañosos para comer.

"Un día decidí que si no era por las buenas, entonces sería de otra manera y empecé a prepararles la comida añadiéndole mucha fruta, verdura, semillas, harinas integrales, etcétera. Me da pena reconocerlo, pero hasta el día de hoy me ha funcionado. Diario les digo que les preparé lo que más les gusta comer y aprovecho, como dicen por ahí, 'para meter mi cuchara'".

Los carbohidratos: "villanos" de la alimentación

Así como hay proteínas completas e incompletas, también hay hidratos de carbono que sirven y otros que definitivamente debemos desechar de nuestra alimentación.

"Los hidratos de carbono se descomponen dentro de las células para liberar energía. La principal fuente de energía del cerebro es la glucosa del azúcar que proviene fundamentalmente del almidón de la dieta. Cuando el organismo dispone de suficiente energía, almacena los carbohidratos en el hígado, pero este órgano tiene un límite de almacenamiento; entonces los carbohidratos se convierten en grasa corporal", explica Earl Mindell en su libro *Todo sobre las vitaminas y la alimentación para los niños*.

Por supuesto, las grasas son tan necesarias para el adecuado funcionamiento del organismo como las proteínas o los hidratos de carbono, pero no en la misma proporción. Las grasas producen el doble de calorías por gramo que los hidratos de carbono o las proteínas. Lo mejor para la salud del niño es que gran parte de las calorías que consume provenga en una mayor proporción de carbohidratos que de grasas.

> *El concepto de dieta se ha desvirtuado, reduciéndola a una simple abstención o consumo determinado o indiscriminado de ciertos alimentos.*
>
> González

Mindell clasifica como hidratos de carbono malos: el azúcar blanca refinada, las papas fritas, los pasteles y las galletas, los refrescos con gas, los chocolates, los chicles y los cereales azucarados.

De acuerdo con Kati Szamos, experta en nutrición, por lo menos 20% de la alimentación de los infantes consiste en azúcar blanca. Sea o no dañino a la salud, la realidad es que la mayoría de los padres permiten que sus hijos beban refrescos, coman cereales espolvoreados de azúcar, chocolates, bombones, pastelitos, etcétera. "Esta situación se presenta porque los adultos no queremos ser los tiranos de la historia", afirma Szamos.

No se trata de que los expertos en nutrición o pediatría nos regañen, ni de convertirnos en puritanos de la alimentación, pero tengo la certeza de que es conveniente, por nuestra tranquilidad y el bien de nuestros hijos, ofrecerles alimentos sanos y nutritivos.

Muchos padres de familia están convencidos de que es muy difícil quitar ciertos hábitos en el niño, afirmación con la que no estoy de acuerdo. En efecto, a ningún niño que lleva ocho, nueve o 10 años comiendo dulces, tomando bebidas artificiales y mascando chicles, le resultará sencillo modificar sus convicciones alimentarias, pero los pequeños entienden muy bien si se les explican las razones por las que han de dejar de consumir ciertos alimentos. Los médicos están seguros de que los menores son los mejores pacientes si se les habla con franqueza.

Tuve una experiencia que me lo confirmó. Lucía mi hija de nueve años, un día sufrió una fuerte migraña, condición que ha padecido desde que tenía cinco. Cuando la llevé al neurólogo le pidió que dejara de comer ciertos alimentos que eran disparadores del dolor de cabeza. La niña lo entendió perfectamente y suspendió todo lo que había anotado el doctor en una lista que pegamos en la puerta del refrigerador.

Pero la migraña es muy testaruda y volvió, la llevé con una médico experta, quien le restringió nuevamente los dulces, las papas fritas, las fresas, los chocolates, las paletas enchiladas, etcétera.

Lucía no es fanática de esos dulces, pero con lo que le dijo la doctora Katz los desechó de su vida, y aunque reconoce que esta situación no será permanente, también entiende que por su bienestar es mejor suspender ciertos alimentos.

Los hidratos de carbono son la fuente primordial de energía para el cuerpo. Entre los alimentos ricos en hidratos de carbono se cuentan las frutas, las legumbres, los cereales y los productos a base de cereales, como el pan y la pasta (fideos, tallarines, etcétera). Las galletas, los pasteles y los *pies* también son alimentos ricos en carbohidratos. Hay dos tipos básicos de hidratos de carbono: los complejos, conocidos también como *almidones*, y los simples, conocidos como *azúcares*. Los complejos son mucho más nutritivos que los simples como el azúcar de mesa que hay en los postres dulces. Las frutas, los cereales y las legumbres contienen proteínas, vitaminas y minerales, además de azúcares y almidones, mientras que los dulces y los bombones, no.

Fuente: *Cómo alimentar a sus hijos*, Katlheen Moloney.

Las grasas

Las grasas son una fuente concentrada de energía, por eso se dice que tienen el más alto contenido de calorías. Los depósitos de grasa del cuerpo aíslan y protegen los órganos vitales, además de que mejoran el sabor y la textura de muchos alimentos.

Generalmente, lo único que sabemos de la grasa es que incrementa los niveles de colesterol, puede ser saturada (las grasas saturadas se encuentran principalmente en las carnes rojas, los huevos, la mantequilla y otros productos de leche entera) o insaturada, también conocida como "grasa buena". Esta última puede ser de dos tipos: monoinsaturada o poliinsaturada. La primera se halla en algunos aceites animales y en varios aceites vegetales como el de oliva, el de cacahuate o el de aguacate. Las poliinsaturadas se encuentran en los aceites vegetales como el de maíz, el de cártamo, el de girasol y el de soya.

El tema de las grasas, que en apariencia debía ser motivo de preocupación exclusiva de los adultos, se ha convertido en un controvertido tema en la nutrición infantil estadounidense. A decir verdad, los niños requieren algo de grasa en sus dietas para obtener la energía y las calorías necesarias para poder jugar y crecer de manera adecuada. Sin embargo, la Asociación Estadounidense de Cardiología ha exhortado a los padres de familia a que promuevan un menor consumo de grasas en los pequeños.

A los niños de primaria y a los adolescentes se les recomienda limitar el consumo de grasa a 30% de las calorías que ingieren diariamente, repartidas en 10% de grasas saturadas, 10% monoinsaturadas y 10% de poliinsaturadas.

Por su parte, la Academia Estadounidense de Pediatría recomienda 35% de grasa en la dieta de los menores de cinco años. Sin duda, las pautas nutrimentales correctas en la niñez y en la adolescencia constituyen una prioridad, ya que una dieta inadecuada en los primeros 10 años de vida no sólo repercute negativamente en el crecimiento y en el desarrollo, en la regulación metabólica y hormonal, sino también afecta la salud en la vida adulta.

La fibra

Leticia Marván afirma que el concepto fibra se refiere a un conjunto de hidratos de carbono complejos que el organismo no digiere ni absorbe y no aporta energía como otros, pero que es indispensable para el buen funcionamiento corporal.

Las fibras pueden dividirse en dos grupos básicos que tienen distintos orígenes y propiedades: las solubles y las insolubles. Las primeras facilitan la excreción de sustancias grasas como el colesterol y ayudan a regular la absorción de azúcares simples. Entre las solubles tenemos la avena, por ejemplo.

Por su parte, las fibras insolubles dan consistencia a las heces fecales y facilitan la digestión. Asimismo, promueven la regularidad en la defecación, ya que previenen el estreñimiento. Aquí se ubican las frutas y verduras, así como el salvado. Para organizar una dieta con contenido normal de fibra, expone Marván, no es necesario comprar productos que se anuncien como poseedores de alto contenido en fibra, sino consumir platillos tradicionales que incluyan alimentos variados. También se debe tratar de comer a diario frutas y verduras de temporada en cantidades suficientes; escoger alimentos que aporten mayor cantidad de fibra por ración; ingerir diferentes tipos de leguminosas por lo menos dos veces a la semana; preferir el consumo de frutas enteras, si es posible con cáscara, y sustituir total o parcialmente harinas refinadas por sus presentaciones integrales.

Dueña de una extraordinaria sensibilidad como especialista en nutrición, Marván comenta que no es necesario aprenderse de memoria cada uno de los términos nutrimentales ni contar las raciones de nutrimentos que damos a nuestros hijos de manera cotidiana. Lo importante es ofrecerles comidas saludables y equilibradas.

"Hablar de nutrición y de alimentación significa mucho más que mencionar un mero aspecto de la vida cotidiana de las personas; los hábitos alimentarios de cada individuo están vinculados a sus gustos, costumbres y experiencias. Por ello, hacer una comparación entre dos alimentos no tiene sentido, dejar de comer unos alimentos por otros tampoco, y prohibir el consumo de algunos productos menos aún", afirma Leticia.

Preguntas

Para entender el vocabulario nutrimental preguntémonos:

1. ¿Conocemos para qué sirven las vitaminas y los minerales?
2. ¿Cuáles son las diferencias entre las proteínas y las grasas?
3. ¿Sabemos algo sobre la importancia de la fibra?
4. ¿Sabemos cuáles son los carbohidratos "buenos"?
5. ¿Sabíamos que en México se ha ido sustituyendo paulatina-mente la pirámide alimentaria por el "plato del bien comer"?
6. ¿Nuestros hijos comen de manera nutritiva y equilibrada?

Capítulo cuatro

Comer no es un castigo

"Cuando era niña la comida me resultaba el momento más tortuoso del día. Era cuando mis papás decidían arreglar cuentas con nosotros por las calificaciones, por lo mal que nos portamos la última vez en casa de los abuelos, porque peleamos con nuestro hermano menor, etcétera. ¿Y tú me preguntas si comer era un castigo? Claro que lo era", afirma Esperanza Maldonado.

Sin embargo, a pesar de esos malos recuerdos, ella ha tratado de que la hora de la comida sea un momento agradable para sus hijos y marido.

Los expertos afirman que muchos problemas alimenticios como omitir comidas, alimentarse en exceso o comer una dieta monótona, tienen su origen en la niñez y el mejor momento para prevenirlos es durante las comidas. Tomemos el ejemplo de los amigos: generalmente quedamos con éstos para desayunar,

> En lugar de obligar a los niños a comer, deberíamos confiar más en ellos y en su propia naturaleza. Sin dar espacio a los caprichos, es importante que entendamos sus hábitos y gustos

almorzar, comer o cenar. ¿Por qué? Porque son momentos de relajamiento, tranquilidad y calma donde aprovechamos para hablar con ellos y no para reclamarles, criticarlos o cuestionarles su comportamiento. ¿Qué hacemos con los amigos? Escogemos un buen restaurante, en el que sirvan platillos suculentos y de preferencia buscamos un lugar tranquilo y alejado del bullicio citadino. Nos arreglamos bien, llegamos de buen humor y salimos satisfechos por disfrutar momentos tan agradables. ¿Por qué no podemos hacer lo mismo con las comidas de nuestros hijos? En la mayoría de los casos porque los niños son remilgosos y nos pone de muy mal humor que no quieran comer. Un amigo jamás nos diría que la sopa que preparamos para él o ella es la que más odia y los hijos con la mayor desfachatez nos dicen "¡Guácala! ¿Crema de poro?" Así, la hora de comer es un castigo para cualquier mamá.

Otro factor que influye para que la hora del almuerzo o la comida sea una tortura son los modales de los pequeños. Daniel tiene el mal hábito de subir los codos a la mesa y Lucía, en lugar de comer, habla y habla hasta que la comida se enfría y entiesa. Obviamente me la paso diciéndoles "Daniel, los codos", "Lucía, habla menos y come más", y por lo regular no hacen caso. Muchas veces me doy por vencida pero sé que aún falta mucho camino por recorrer en materia de buenos modales. Conozco a una mujer que, con tal que sus hijos no ensucien ni demuestren sus malos hábitos, ella les corta la carne, les enfría el arroz y decide cuánta crema deben ponerle a sus tacos de pollo. El problema es que los niños tienen 10 y 12 años de edad.

Erika Gavaldón, mamá de Daniela, de siete años, comenta que batallaba mucho para que su hija no hablara con la boca llena de comida.

"La niña nunca recordaba que debía mantener la boca cerrada mientras comiera. En definitiva le compré un manual de buenos modales escrito especialmente para niños y funcionó. Los personajes mantenían el interés de la niña y a la vez le enseñaban modales".

Elizabeth Beltrán asegura que la mejor manera de enseñar buenos modales a los niños es con el ejemplo: "Mi marido y yo pedimos todo por favor, también damos las gracias, no hablamos con la boca llena ni subimos los codos a la mesa. Los niños aprenden mejor así, que enojándonos con ellos".

Maité Plazas, en su artículo "Que los niños aprendan y disfruten de una buena alimentación", sugiere:

1. Planear lo que vamos a comer.
2. Comer alimentos variados y combinarlos.
3. Ofrecer la misma comida para todos los miembros de la familia.
4. Preparar higiénicamente los alimentos.

Asimismo, nos ofrece una serie de actividades de apoyo para evitar los malos momentos durante las comidas:

1. Hacer las comidas a la misma hora todos los días.
2. Comer sentados.
3. Apartar suficiente tiempo para comer tranquilos.
4. Establecer el hábito de lavarse las manos antes de cada comida y los dientes después de cada alimento.
5. Tomar en cuenta que las horas de la comida son para comer, disfrutar y compartir el momento.
6. Servir una comida sencilla en un ambiente agradable en lugar de una comida cara o muy elaborada en medio de regaños y pleitos.

7. Procurar comer en familia cotidianamente.
8. Evitar usar los alimentos como premios o castigos.

¿Cuántas veces no hemos amenazado a nuestros hijos con licuarles toda la comida y hacérselas comer si no se apuran o si no se terminan la ensalada? ¿Quién no ha convertido el postre en un preciado regalo, siempre y cuando dejen el plato de arroz limpiecito?

Las mamás nos valemos de todo tipo de trucos con tal de ver a nuestros hijos comer. Sin embargo, en lugar de obligarlos, deberíamos confiar más en ellos y en su propia naturaleza. Nuestras obsesiones y preocupaciones respecto al crecimiento de nuestros hijos son, en síntesis, las que provocan que las horas de comida sean momentos insoportables para todos. La pasamos mal, pero el niño también la pasa fatal.

¿Crece mi hijo adecuadamente?

Ten por seguro. Aunque no los veamos comer como quisiéramos y creamos que están "chiquitos para su edad", los niños, en su mayoría, crecen. Cabe resaltar que cada niño tiene su propio patrón de desarrollo y las tablas que emplean los pediatras para medir la curva de crecimiento de nuestros hijos son aproximaciones. Ni el peso ni el tamaño deben ser idénticos a los establecidos. Sin embargo, hay que estar muy alertas frente a cualquier señal que nos parezca extraña, como por ejemplo, que el peso o el tamaño del niño se encuentre muy por debajo de lo común; que su apetito haya disminuido notablemente, que engorde pero no crezca, que se muestre apático y cansado permanentemente. Nosotras, como mamás, nos podemos dar cuenta cuando estamos frente a una situación de esta naturaleza.

El crecimiento normal

▶ A los cuatro meses se ha duplicado el peso que tenía al momento de nacer.

▶ Al año se ha triplicado el peso al nacer.

▶ Durante el segundo año, el niño aumenta algo menos que lo que pesaba al nacer.

▶ Después de los dos años el aumento de peso se hace constante, siendo de aproximadamente dos kilos y medio al año.

La estatura

▶ Durante el primer año la estatura aumenta 50% de la que tenía al nacer.

▶ A los cuatro años la estatura es el doble de la estatura al nacer.

▶ A los 13 años la estatura es el triple de la que tenía al nacer.

Factores que afectan el crecimiento

▶ El peso y la estatura al nacer.

▶ A veces, el nacimiento prematuro.

▶ La genética: estatura de padres y abuelos.

▶ El patrón individual de crecimiento.

▶ El medio ambiente.

Fuente: *Comidas sanas, niños sanos*, Bridget Swinney.

Lucía, mi hija, nació muy pequeña y muy delgada. Durante algunos años el pediatra veía que la niña crecía pero no como debería y, por lo tanto, seguía su curva de crecimiento muy de cerca para evitar algún problema posterior. Se vigiló la alimentación de la niña y hasta ahora, a los nueve años, por primera vez su estatura corresponde al promedio de las niñas más bajitas de su edad. A mí no me preocupa mucho porque proviene de familias delgadas y mi madre es muy pequeña. Pero, sobre todo, porque yo superviso lo que come. Cumplo mi tarea adecuadamente: le ofrezco alimentos sanos y nutritivos y espero que la naturaleza haga su parte.

> *Para un niño de tres años puede ser una tragedia, que lo haría rabiar, el que una rebanada de jamón o de pan no esté exactamente íntegra y le falte un pedacito minúsculo.*
>
> MALDONADO

Cada familia enfrenta sus propios problemas respecto a la alimentación de sus miembros y la única manera de saber qué funciona y qué no con los niños, definitivamente es probar y probar hasta encontrar un método efectivo.

A continuación, se presentan algunas recomendaciones para que la comida sea un momento agradable. Éstas sintetizan las diversas acciones emprendidas por un gran número de mamás.

En primer lugar, es importante organizar un programa diario de comidas. Siempre escuchamos a las mamás, incluyéndome, lamentarse de que los hijos visitan la cocina toda la tarde. Pero, ¿cómo no va a ser así si los chicos necesitan comer cada tres o cuatro horas?, tres comidas fuertes y dos tentempiés acompañados de agua, leche o jugos. Organizar estos recreos alimenticios nos permitirá seleccionar lo más adecuado para los niños antes de que ellos pidan cualquier cosa. Otra táctica que ha funcionado es la de planificar la última comida del día. Una buena merienda debe estar balanceada: pan, arroz o pasta; una fruta o vegetal; y una fuente de proteínas como la carne, el queso o los granos. No debemos preparar platillos especiales para nadie de la familia. Todos deberán comer lo mismo. Muchas de nosotras caemos en el error de preparar una comida o cena para los niños y otra para los adultos. Es mucho mejor preparar una cena familiar completa teniendo en cuenta los gustos de todos y alcanzar la meta de crear una dieta balanceada que nos lleve a una alimentación sana. Evitemos todo tipo de comentarios sobre qué y cómo están comiendo los niños. No olvidemos que nuestra parte en este negocio es la de ofrecer comida nutritiva. Dejémoslos comer en paz. A muchas mamás les ha funcionado introducir paulatinamente comidas nuevas a las dietas de sus hijos. Si no funciona a la primera, intentémoslo nuevamente tres o cuatro días después. Es preferible no darnos por vencidos: el que persevera alcanza.

El desayuno es, a juicio de los expertos, la comida más importante del día, sobre todo para los niños. Después de siete u ocho horas de ayuno necesitan recuperar energía. Hagamos que los desayunos se conviertan en importantes fuentes de nutrientes e introduzcamos fibra, vitaminas y proteínas. Las mamás más pacientes han involucrado exitosamente a sus hijos en la cocina. Afirman que si les damos la oportunidad de participar en la preparación de la comida, los chicos se mostrarán mucho más interesados en comer lo que ellos mismos han preparado. A mí también me ha funcionado. Algunas veces Lucía prepara el agua de limón, nos invita a todos a tomar y ella misma bebe hasta tres vasos. Si seguimos al

> El desayuno es, a juicio de los expertos, la comida
> más importante del día, sobre todo para
> los niños. Después de siete u ocho horas de ayuno
> necesitan recuperar energía

pie de la letra la consigna de que nosotros somos responsables de lo que le ofrecemos de comer al niño, entonces podemos evitar la entrada a nuestras casas de la irresistible comida "chatarra".

Las comidas procesadas industrialmente contienen altos niveles de colorantes y químicos que no benefician. Si reducimos la cantidad de "comida chatarra" que hay en el refrigerador o en la despensa, la única opción del niño será comer frutas y otros alimentos nutritivos. Esto tampoco significa que tengamos que erradicar de la vida de nuestros hijos uno que otro dulce. Si les permitimos comer alguno de vez en cuando, ellos mismos los irán desterrando. Ellyn Satter afirma que muchas veces los padres se preocupan cuando sus niños comen entre comidas por lo que tratan de prevenirlo. Pero esto no es necesario ni útil. Los chicos requieren mucha energía y, en general, no pueden comer demasiado a la vez, así que conviene alimentarlos cada tres horas aproximadamente. Lo que sí es importante es que se les controle el tipo de alimentos que comen y cuándo los comen.

> Un aspecto muy importante del desarrollo físico infantil es el crecimiento del cerebro. Éste empieza a crecer antes del nacimiento. Crece más rápido durante los primeros meses de vida del niño. A los dos años de edad se ha desarrollado 75% aproximadamente y alcanza el tamaño máximo entre los seis y los 10 años de edad. Los estudios han demostrado que la nutrición durante los primeros meses de vida puede producir un efecto cognitivo perdurable en el niño.
>
> SATTER

La experta en nutrición recomienda ofrecer bocados a los niños entre una comida principal y la otra. Sugiere que esperemos tiempo suficiente después de la comida fuerte para que los niños sepan que, si se niegan a comerla, deberán esperar un tiempo antes de poder ingerir algo. Así evitaremos que dejen la comida principal y enseguida empiecen a decir que tienen hambre. También es más fácil resistir las súplicas de los niños si saben cuándo se les va a dar un bocado. Si los niños desayunan temprano y cenan (o comen) tarde, es posible que tengamos que darles bocados más de una vez. Es importante tratar de darles un refrigerio con proteínas, grasas y carbohidratos dos o tres horas después del almuerzo. Más tarde, ofrezcámosles algo más bajo en carbohidratos como jugos de fruta o galletas saladas.

Verónica Ovalle, mamá de Sofía y Julián, de 12 y nueve años ofrece algunas recomendaciones que le han funcionado para regular los bocadillos que les ofrece a sus hijos entre comidas.

"Elijo una hora razonable para darles el bocado y pongo la comida sobre la mesa. De esa forma, y sin que ellos se den cuenta, controlo la hora, el lugar y el tipo de alimento que van a comer. Si espero a que ellos me pidan algo, generalmente ya tienen una idea de lo que se les antoja y empieza la discusión. En mi manera de hacerlo, sólo les anuncio que en la mesa hay algunos bocadillos que pueden gustarles por si tienen apetito. Lo que más disfrutan es cuando preparo jícamas con limón y sal o galletas de avena".

Si optamos por esta técnica, que parece muy sensata y nada complicada, deberemos escoger platillos nutritivos. Si queremos que sus estómagos se mantengan satisfechos durante algunas horas, ofrezcámosles alimentos que tengan proteínas, grasa y carbohidratos. "Los bocados deben ser suficientemente sustanciosos como para satisfacer a un niño que tiene hambre", sugiere Ovalle.

Ideas para nutritivos tentempiés

Elizabeth Lozano, especialista en nutrición y mamá de Diego de cuatro años, nos hace algunas recomendaciones para preparar tentempiés.

Sentémonos un día cualquiera a planear los desayunos, las comidas y las cenas de toda la semana. Esta actividad, además de generar orden en nuestros horarios, evitará cambios de menús de última hora

Cereales

Productos de panadería —de preferencia elaborados con harina integral.

▶ Galletas de centeno, pan árabe y galletas de grano integral. Servir el pan y las galletas con queso, crema de cacahuate o un vaso con leche para añadir proteínas y grasas.
▶ Cereales secos que pueden o no ir acompañados de leche para añadir proteínas y grasas. Agregar frutas secas, nueces y semillas para dar variedad y aumentar los nutrientes.
▶ Palomitas de maíz con queso rallado en lugar de sal y mantequilla.
▶ Jugos de fruta y verdura en lugar de bebidas de fruta hechas con polvo o enlatadas.
▶ Se puede ofrecer leche para acompañar el pan, las galletas, el cereal, etcétera. Podemos mezclarla con plátano u otras frutas para hacer un licuado saludable. Para mejorar el sabor podemos recurrir al extracto de vainilla, miel, melaza o también un poco de azúcar.

Bocados de verduras

▶ Cortar verduras frescas crudas en trozos. Se pueden servir las verduras con crema de cacahuate, queso, requesón o leche para añadir proteínas y grasas. Acompañar con galletas saladas o jugos de fruta para añadir carbohidratos.

Bocados de frutas frescas

▶ Cortar la fruta en rebanadas o servirla entera. Acompañarla con crema de cacahuate, requesón, yogur, queso cottage o leche para añadir proteínas y grasas.

Bocados de frutas secas, nueces y semillas

▶ Servir las frutas secas con nueces, almendras, nuez de la India, cacahuates o semillas de calabaza, chayote y girasol, para añadir proteínas y grasas.

Leticia Marván, en su libro mencionado, también nos ofrece algunas recomendaciones generales para gozar de la alimentación y nutrir sanamente al niño en edad preescolar y escolar:

▶ Planificar comidas familiares apetitosas, variadas y equilibradas.

▶ Incluir en el plan diario de alimentación un desayuno y un refrigerio sustanciales de manera que el chico alcance un buen desempeño escolar y pueda realizar alguna actividad física adecuadamente.

▶ Dar suficiente tiempo al niño para que desayune y pueda masticar adecuadamente los alimentos. Si es necesario, levantarlos más temprano, hagámoslo. Esto también aplica en periodos vacacionales.

▶ Al planear los alimentos para el *lunch* o refrigerio escolar, es importante ofrecerle al niño bocadillos sabrosos, sencillos, fáciles de conservar, económicos y nutritivos.

▶ Tomar en cuenta que la familia es la principal influencia en el desarrollo de hábitos de higiene y de alimentación. La conducta de los padres de familia es clave durante esta etapa, no sólo como ejemplo de cómo comportarse en la mesa, sino del tipo de alimentos que conviene ingerir. Por ello, es indispensable que la alimentación familiar sea completa, variada y sana.

▸ Al planificar las comidas, es conveniente incluir a los niños en la selección y preparación de alimentos.

▸ Es importante que la orientación de los padres respecto a lo que los niños deben comer sea firme y consistente, ya que muchas veces la publicidad y las cooperativas escolares interfieren en la formación de hábitos alimenticios y en la economía doméstica.

▸ Es recomendable que el niño se siente a la mesa e ingiera sus alimentos con tranquilidad, que pueda disfrutar y aprovechar estos momentos como la oportunidad de comunicarse e integrarse familiar y socialmente.

▸ Hay que evitar al máximo escoger la hora de la comida como el momento de los regaños y las llamadas de atención.

▸ No existe ningún alimento indispensable. Todos pueden ser sustituidos por uno equivalente. Así que no nos enfrasquemos en pleitos con los niños por los alimentos. Si no les gustan las calabazas, por mencionar un ejemplo, busquemos algún sustituto.

▸ Tengamos siempre presente que, entre los dos y los siete años, el niño tiene muchos intereses distintos y lo que menos le preocupa es comer. Mejor démosles de comer menos con más frecuencia.

Alimentémoslos con sentido común

Una recomendación más que nos dan tanto los expertos en nutrición como algunas mamás para evitar que la comida sea un castigo, es cocinar de forma sencilla y con el mayor sentido común posible. Para eso, dicen, es prioritario proveer nuestra despensa y refrigerador de alimentos saludables.

A continuación presentamos un cuestionario que nos puede ayudar a valorar la manera en que compramos la comida. Solamente hay que responder sí o no.

Autoevaluación

1. ¿El refrigerador está bien provisto de leche?
2. ¿Regularmente compramos productos bajos en grasa y carne sin muchos pellejos, también llamada carne magra?
3. ¿Compramos esporádicamente papas fritas, pastelitos o alguna otra golosina?
4. ¿Compramos con frecuencia salchichas o carne roja?
5. ¿Compramos alimentos ricos en proteínas de diversos tipos incluyendo carne de res, pollo, pescado, queso y legumbres?
6. ¿En el refrigerador disponemos siempre de verdura y fruta abundante y fresca?
7. ¿Compramos habitualmente panes y cereales integrales?
8. ¿Compramos comida preparada?
9. ¿La lista de alimentos que nos acompaña al mercado se parece a todo lo que se recomienda en la pirámide de los alimentos?
10. ¿Compramos alimentos para freír?

Si respondimos que sí a las 10 preguntas entonces nuestros hábitos de compra de alimentos son muy razonables. Entre seis y nueve preguntas con respuesta afirmativa, nuestros hábitos de compra pueden mejorar. Cinco o menos preguntas con un sí, los expertos nos sugieren leer con atención las siguientes recomendaciones que nos ofrece Bridget Swinney para que compremos con sentido común.

Sentémonos a planear los desayunos, comidas (o almuerzos) y cenas (o comidas) de toda la semana. Esto nos permitirá saber qué necesitamos comprar y nos sentiremos menos tentadas a pedir cualquier comida rápida vía telefónica. Asimismo, es conveniente pegar una lista en la puerta del refrigerador de manera que sepamos lo que se va terminando y necesitamos adquirir en nuestra siguiente visita al supermercado. Compremos exclusivamente lo que viene en la lista.

Está comprobado que no conviene ir al supermercado cuando se está cansado o hambriento ya que se adquieren alimentos menos saludables y con mayor porcentaje de calorías. Compremos tomando en cuenta las prioridades alimenticias de la familia.

Cómo debe ser la alimentación de la familia

▶ Debe incluir una gran variedad de alimentos.

▶ Debe equilibrar el consumo de alimentos con una actividad física que se practique de forma regular para mantener o mejorar su peso.

▶ Debe mantener una dieta con abundantes cereales, verduras y frutas.

▶ La dieta debe ser baja en grasas saturadas, colesterol y azúcares.

Preguntas

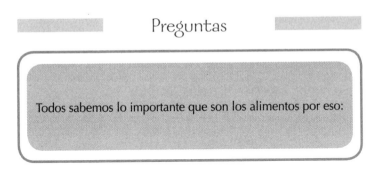

Todos sabemos lo importante que son los alimentos por eso:

1. ¿Me complico la vida cada mañana pensando qué van a comer mis hijos?
2. ¿Tenemos poco repertorio alimenticio? ¿Nos hemos preguntado por qué?
3. ¿Existen en nuestra familia las rutinas para comer?
4. ¿Utilizamos algún alimento de los que más le gustan a nuestros hijos para chantajearlos y provocar que coman bien?
5. ¿Comparamos la forma de comer y el crecimiento de nuestros hijos con los de otros niños?
6. Por no convertirnos en "la villana de la película" o para evitar que sigan insistiendo, ¿permitimos a nuestros hijos comer lo que ellos quieren?

Capítulo cinco

En busca de una alimentación nutritiva

"Como mamá que trabaja, me resulta muy difícil organizar la comida de toda la semana. Trato, pero siempre termino dándoles lo mismo. Les doy comida nutritiva, pero con poca variedad. No se me ocurre nada distinto a la tradicional sopa de fideo, arroz, jitomate con pepinos y carne o pechugas asadas", señala Berenice Corral, madre de Andrea, de siete años, y de Carolina, de cinco.

Mary Carmen Ibarra es una madre que no trabaja fuera de casa pero que tiene los mismos problemas con la alimentación de sus hijos: no logra idear nada nuevo para el menú.

"¡Sé tan poco de alimentación! Nunca he encontrado un libro o una revista en donde me faciliten la tarea de cocinar. Me gusta mucho hacerlo para mis hijos, pero difícilmente se me ocurren platillos novedosos. Además, creo que la variedad de alimentos es

> El *Sistema de Equivalentes*, el cual asocia alimentos en grupos, de manera que éstos puedan sustituirse o cambiarse unos por otros, no altera el contenido energético de la dieta y el equilibrio de nutrimentos

poco realista con los niños. A ellos no les gustan los platos muy condimentados o muy elaborados", expresa.

Hay una serie de cuestiones sobre el crecimiento del niño que nos convendría conocer, para en función de eso, prepararles los alimentos. Por supuesto, no hay como ver a un hijo comer bien y de todo, pero en muchos casos eso no lo logramos sino hasta que rebasan los 18 años. Considero que tampoco vale mucho la pena romperse la cabeza pensando en preparar platillos sofisticados para la familia. Con tener en casa alimentos nutritivos y que cumplan los requisitos nutrimentales se puede hasta improvisar. La clave del éxito en la cocina es combinar en cada comida alimentos de los tres grupos básicos para favorecer la suficiencia y el aporte completo de todos los nutrientes.

Hay diversas clasificaciones de grupos de alimentos. En este libro presentamos dos: la primera, considerada la más sencilla por muchos especialistas en alimentación, se basa en el aporte nutrimental dominante y divide los alimentos en tres grupos:

1. **Cereales, tubérculos, grasas y azúcares.** El aporte principal de este grupo es la energía y lo forman el pan, la papa, la tortilla y el arroz. Asimismo, se incluyen la miel, el aceite, las mermeladas y los azúcares.
2. **Frutas y verduras.** Su principal aportación a la dieta humana son las vitaminas, los minerales y la fibra.
3. **Leguminosas y alimentos de origen animal.** El aporte básico son las proteínas y de este grupo forman parte los productos

lácteos, el huevo, todo tipo de carnes y leguminosas como el frijol y la lenteja.

La segunda clasificación es la que se denomina *Sistema de Equivalentes*, el cual asocia alimentos en grupos, de manera que éstos puedan sustituirse o cambiarse unos por otros sin alterar el contenido energético de la dieta y el equilibrio de nutrimentos. Este sistema agrupa alimentos y también especifica las porciones de otros alimentos equivalentes. Dicho de otro modo, dan la misma cantidad de energía (por ejemplo, una rebanada de pan equivale a tres tazas de palomitas de maíz sin grasa).

El *Sistema de Equivalentes* clasifica los alimentos en nueve grupos: cereales, tubérculos, azúcares, grasas, leguminosas, carne, leche, frutas, verduras A y verduras B.

Leticia Marván recomienda planificar las comidas de acuerdo con la clasificación de los alimentos en tres grupos. Este esquema funciona si, además, se quiere comprar bueno y barato.

Cuadro 1. Comparación de alimentos equivalentes

Baratos	Caros
Arroz (por kilogramo)	Arroz salvaje
Atún	Filete
Bolillo	Panes especiales
Calabacita	Flor de calabaza
Carne de puerco	Chuletas ahumadas
Carne molida	Filete
Chayote	Alcachofas
Espinacas	Huitlacoche
Falda	Tampiqueñas

Fresa	Frambuesa
Galletas nacionales	Galletas importadas
Lechuga	Berenjena
Melón	Uvas
Mero	Huachinango
Naranja	Chico zapote
Nopales	Espárragos
Papas	Papas fritas comerciales
Papaya	Kiwi
Pollo entero	Pechuga de pollo
Queso fresco	Queso gruyere
Salchichas	Jamón ahumado
Sandía	Mamey
Sardinas	Robalo
Tortillas	Hojuelas de maíz

La inevitable comida "chatarra"

Como padres de familia debemos tener mucho cuidado al ofrecer a nuestros hijos botanas o refrescos embotellados, ya que esto puede derivar en enfermedades o en costumbres que alteren su salud en la vida adulta. En su artículo "¿Es bueno que mi hijo consuma botanas y refrescos?", el doctor José Alberto García, miembro del cuerpo de pediatras del Hospital Infantil "Federico Gómez", explica que cuando ofrecemos a los niños alimentos no naturales debemos prestar atención a los compuestos que los acompañan, pues algunos contienen grandes cantidades de sal, saborizantes, colorantes artificiales o compuestos industrializados —que en ocasiones pueden ser naturales, como en el caso del chile.

Las gaseosas generan ventas anuales en la ciudad de México de entre mil 100 a mil 200 millones de pesos, cantidad que equivale a lo que la población capitalina gasta en arroz, tortilla y huevo juntos.

ASOCIACIÓN NACIONAL DE PRODUCTORES DE REFRESCOS

El invitado permanente: el refresco

Cada litro de refresco contiene aproximadamente 11.6 gramos de hidratos de carbono, que equivalen a entre 100 y 120 gramos de azúcar. La cantidad recomendable de consumo de azúcar al día son 25 gramos. Un litro de refresco bebido cuadruplica la necesidad diaria de azúcar.

Los hidratos de carbono (equivalentes del azúcar) contenidos en una bebida gaseosa son simples: proveen de energía por un periodo corto y son absorbidos y digeridos por el organismo con facilidad, a diferencia de los hidratos de carbono complejos, contenidos en otros alimentos, cuya absorción lleva más tiempo pero estimulan al organismo por un espacio de entre cuatro y seis horas.

Datos de la Procuraduría Federal del Consumidor (PROFECO) precisan que los refrescos de cola contienen 355 mililitros de cafeína: un tercio de lo que contiene una taza de café. La cafeína del refresco, acompañada con gas, puede actuar más rápidamente en el cerebro. Este alcaloide estimula la corteza cerebral, produce un pensamiento rápido y claro y aleja la pesadez y la fatiga. Pero la cafeína contenida en el refresco, si se consume en abundancia,

> altera la presión de la sangre, el ritmo cardiaco y el diámetro de los vasos sanguíneos. En organismos sensibles estimula la secreción de ácidos gástricos que ocasionan las úlceras. Nosotros decidimos si lo desterramos de la mesa familiar.

García también expone que todos estamos conscientes de que el consumo de sal en exceso en los adultos produce aumento en la presión arterial, lo cual predispone a enfermedades del corazón en etapas tempranas de la vida. Al respecto, el galeno afirma:

El consumo de sal en los niños ha sido un tema controvertido, ya que hace algunos años se decía que esta práctica producía aumento de la presión arterial, pero investigaciones recientes han comprobado que tal aumento no es de la magnitud que se suponía. Sin embargo, si se acostumbra a un niño a que consuma sal, será un adulto que lo haga en exceso, por lo que hay que enseñar a los infantes a consumirla con moderación y evitar que se alimenten de las llamadas "botanas", ya que contienen una gran cantidad de este mineral, entre otros compuestos.

Este tipo de alimento utiliza otros elementos para acompañar el sabor, como los productos enchilados, que además de contener grandes cantidades de sal, son poderosos irritantes de las vías digestivas, en especial del estómago, por lo que no es ninguna sorpresa encontrar niños con dolor frecuente en el abdomen, lo cual puede desembocar en gastritis.

Leticia Marván afirma que los expertos en nutrición cotidianamente encaran preguntas como "¿qué es mejor comer: pan o tortilla?, ¿qué puedo dar a mis hijos para que en la fiesta infantil de esta tarde no coman salchichas, papas fritas ni dulces?".

La Organización Mundial de la Salud (OMS) define
la salud como el pleno bienestar biológico,
psicológico y social del individuo. La alimentación
es parte medular de la salud

"Lo primero que debemos hacer es preguntar a los pacientes qué prefieren, qué les gusta, a qué están acostumbrados y en función de eso elaborar un plan nutrimental", afirma Leticia.

La gente cree erróneamente que comer sano significa comer lo que no les gusta, y está dispuesta a sacrificarse sin disfrutar lo que ingiere. Por desgracia, tiene más cabida la adopción de conductas absurdas que la restauración de hábitos alimentarios adecuados que son más sencillos de seguir de lo que comúnmente se imagina", expone la especialista.

Al ser cuestionada sobre la comida "chatarra", afirma: "No hay alimentos y nutrimentos buenos o malos, ni sanos o dañinos por sí mismos; si se va a emitir un juicio, debe estar orientado por la dieta en su conjunto y los hábitos de vida del individuo, y no sólo por el consumo aislado de algún alimento".

Si una dieta se basa en el consumo de un solo tipo de alimentos será desequilibrada y podríamos calificarla de "dieta chatarra", aun cuando el alimento que consumamos sea considerado saludable o portador de vitaminas y proteínas desde el punto de vista nutrimental.

La Organización Mundial de la Salud (OMS) define la salud como el pleno bienestar biológico, psicológico y social del individuo. Y la alimentación es parte medular de la salud, por lo que la dieta ha de satisfacer, consecuentemente, necesidades biológicas, psicológicas y sociales.

El cuadro siguiente puede resultar de mucha ayuda para comprender las características de una dieta sana. De acuerdo con la bibliografía especializada, el establecimiento de una pauta alimentaria saludable incluye entre seis y 11 porciones de granos por día: pan, cereales, arroz, pastas y tortillas.

Los derivados de los granos contienen carbohidratos, vitaminas, hierro y fibra. Los niños requieren de los granos como fuente de energía para crecer, desarrollarse y aprender, así como para mantenerse físicamente activos. Los carbohidratos complejos y los azúcares son una valiosa fuente de energía. Recuerda, entre más vitaminas y minerales existan por porción, más nutrimentos habrá para el crecimiento y desarrollo del pequeño.

Respecto a las frutas y los vegetales, suministran carbohidratos, vitaminas A y C, así como ácido fólico, los cuales contribuyen a la salud de los ojos, la piel y la sangre. Procura que tu familia consuma entre dos y cuatro porciones diarias de frutas, como fresas, naranjas y duraznos; así como entre tres y cinco porciones de vegetales que pueden ser zanahorias, calabazas y brócoli.

Incluye también entre dos y tres porciones de leche, yogur y queso como fuentes de proteína, calcio y vitamina D, las cuales contribuyen al fortalecimiento de huesos y dientes. Adiciona dos o tres porciones de carne, pollo, pescado, frijoles y huevos para que aporten proteínas y hierro, útiles para la formación de los músculos.

Característica de la dieta	Dimensión de la alimentación	Significado
Completa	Biológica	Debe contener todos los nutrimentos, incluidos alimentos de los tres grupos básicos en cada comida: 1. Cereales y tubérculos; 2. Frutas y verduras, y 3. Leguminosas y alimentos de origen animal.

Adecuada	Biológica, psicológica y social	La dieta debe adecuarse a las condiciones fisiológicas y sociales del individuo, a su edad, estado de salud y actividad física. Asimismo, debe corresponder con sus circunstancias particulares: ocupación, presupuesto, costumbres, clima y zona geográfica de residencia.
Variada	Psicológica y social	La dieta debe ser un satisfactor de los sentidos con colores, sabores, texturas, olores y formas diferentes. Hay que incluir diferentes alimentos y platillos en cada comida. Comprar frutas y verduras propias de la estación. Preparar los alimentos de acuerdo con diferentes recetas o técnicas culinarias.
Inocua	Biológica y social	Esto quiere decir que la dieta no debe implicar riesgos para la salud ya sea por la forma en que se prepara o bien por la calidad de los alimentos. No debe tampoco contener sustancias tóxicas o dañinas. También significa que debe comerse con mesura con el fin de evitar daños.

Suficiente	Biológica y social	Debe ser suficiente para que la persona sacie su hambre y los nutrimentos deben cubrir las necesidades del individuo.
Equilibrada	Biológica	La proporción entre nutrimentos debe favorecer la salud: no debe contener excesos ni deficiencias de algún nutrimento de manera que puedan aprovecharse al máximo.
Agradable	Social	Comer debe ser un placer personal y social. Se debe comer en un clima de tranquilidad y sin prisas. La hora de la comida debe ser un momento de convivencia agradable y no de tensión, reclamos, regaños.

Fuente: Leticia Marván, *Gaceta de Excelencia Educativa*, núm. 1, México, 2000.

En México, para fines de orientación alimentaria, de acuerdo con lo establecido en la Norma Oficial Mexicana 2007 se identifican tres grupos de alimentos:

1. Verduras y frutas

▶ Verduras: acelgas, verdolagas, quelites, espinacas, flor de calabaza, huauzontles, nopales, brócoli, coliflor, calabaza, chayote, chícharo, tomate, jitomate, hongos, betabel, chile poblano, zanahoria, aguacate, pepino y lechuga, entre otras.

❱ Frutas: guayaba, papaya, melón, toronja, lima, naranja, mandarina, plátano, zapote, ciruela, pera, manzana, fresa, chicozapote, mango, mamey, chabacano, uvas y sandía, entre otras.

2. Cereales y tubérculos

❱ Cereales: productos de maíz como la tortilla y otros productos de nixtamal; productos de trigo como pan, galletas y pasta; arroz, avena, cebada y amaranto.

❱ Tubérculos: papa, camote y yuca.

3. Leguminosas y alimentos de origen animal

❱ Leguminosas: frijol, haba, lenteja, garbanzo, arveja, alubia y soya.

❱ Alimentos de origen animal: leche, queso, yogur, huevo, pescado, pollo, carnes rojas y vísceras.

Para que la alimentación cumpla el requisito de satisfacer las necesidades sociales del individuo conviene consumir productos de la estación, pues son mucho más baratos y duran mayor tiempo. La disponibilidad de frutas y verduras de la estación depende del área geográfica y las condiciones climatológicas, y será necesario adecuarla a las características propias de cada localidad.

1. Hierro

1.1. Alimentos de origen animal: hígado, moronga, carnes rojas, huevo y mariscos.

1.2. Leguminosas: frijol, lenteja, habas y garbanzos secos.

1.3. Verduras: yerbamora, chiles secos, tomatillo, calabacita redonda, huauzontles, hojas de chaya, quelites, hongos, espinacas, col de bruselas, acelgas y chile poblano.

1.4 Otros: frutas secas, cacahuates y nueces.

2. Vitamina C

2.1. Verduras (principalmente crudas): chile poblano, hojas de chaya, chile, col de bruselas, pimiento rojo, coliflor, yerbamora, brócoli, miltomate, chile seco, chícharos, habas verdes, tomatillo y huauzontles.

2.2. Frutas: guayaba, marañón, nanche, kiwi, zapote negro, mango, limón, mandarina, papaya, fresa, toronja, naranja, tejocote y melón.

3. Carotenos

3.1. Verduras: chiles secos, hojas de chaya, chipilín, zanahorias, quelites, jitomate, miltomate, acelga, tomatillo, espinacas, berros, romeritos, verdolagas, nopales, huauzontles, calabaza amarilla y aguacate.

3.2. Frutas: tejocote, mango, chabacano, melón, mandarina, marañón, plátano macho, ciruela, guayaba, plátano tabasco, mamey, higo, zarzamora y guanábana.

4. Fibra dietética

4.1. Cereales: tortillas y otros productos de nixtamal, cebada, salvado, avena, harinas integrales, pan y cereales integrales.

4.2. Verduras: brócoli, colecitas de bruselas, col, zanahoria, coliflor, elote, chícharos, espinacas y nopales.

4.3. Frutas: chabacano, plátano, moras, dátiles, higos, guayaba, pera, naranja y toronja en gajos.

4.4. Leguminosas: frijol, lentejas y cacahuate.

4.5. Otros: orejones de chabacano o durazno, ciruela pasa, pasas, almendras y nueces.

5. Calcio

5.1. Cereales: tortillas y otros productos nixtamalizados.

5.2. Alimentos de origen animal: queso, leche, yogur, acociles, sardinas, charales y boquerones.

6. Ácido fólico

6.1. Alimentos de origen animal: hígado y otras vísceras.

6.2. Verduras: berros, espinacas, lechuga, espárragos, betabel, acelgas, alcachofas, brócoli, coliflor, chícharo, poro, aguacate, col y elote.

6.3. Frutas: naranja, plátano.

Recomendaciones para la preparación, consumo y conservación de alimentos

1. Preparación

1.1. Utilizar agua hervida o purificada y conservarla en recipientes limpios y tapados.

1.2. Consumir leche pasteurizada, hervida o evaporada. La leche bronca debe hervirse sin excepción.

1.3. Cocer o freír bien los pescados y mariscos.

1.4. Consumir la carne de res o de puerco bien cocida.

2. Utensilios

2.1. Evitar el uso de utensilios de barro vidriado para cocinar o conservar alimentos, ya que contienen plomo.

3. Higiene

3.1. Lavarse las manos con agua y jabón antes de preparar los alimentos y comer.

3.2. Evitar toser o estornudar sobre los alimentos al prepararlos.

3.3. Lavar bien con agua limpia y fibra las frutas y verduras.

3.4. Desinfectar las frutas y verduras que no se puedan tallar. Lavar las verduras con hojas, hoja por hoja, bajo el chorro de agua.

3.5. Limpiar los granos y semillas secos y lavarlos bien.

3.6. Lavar bajo el chorro de agua las carnes y el huevo antes de cocinarlos.

3.7. Consumir los alimentos, de preferencia, inmediatamente después de cocinarlos.

3.8. Mantener en el refrigerador o en un lugar fresco y seco en recipientes limpios y tapados, los sobrantes o alimentos que no se van a consumir en el momento. Antes de consumirlos volver a calentarlos hasta que hiervan.

3.9. Cuando las latas estén abombadas, abolladas u oxidadas, deben desecharse.

Productos con elevado contenido de sodio, azúcar o grasa

1. Sodio

▶ Sal de mesa, con ajo, cebolla, apio, etcétera
▶ Ablandador de carne
▶ Productos enlatados en salmuera (verduras)
▶ Botanas industrializadas fritas
▶ Consomé en polvo o cubos y sazonadores
▶ Salsa de soya, inglesa y de tomate "catsup"
▶ Polvos de hornear y bicarbonato de sodio
▶ Carnes y pescados salados: bacalao, machaca, cecina
▶ Embutidos y carnes frías

2. **Azúcar**

▶ Azúcar de mesa y piloncillo
▶ Miel de abeja, jarabes (maíz, arce o maple, entre otros)
▶ Mermeladas, jaleas y ates
▶ Polvos para preparar aguas, bebidas para deportistas y refrescos
▶ Dulces, chocolates y frutas cristalizadas
▶ Pasteles y pastelillos
▶ Cereales industrializados y dulces
▶ Leche condensada y cajeta

3. **Grasas y aceites**

▶ Manteca vegetal y de cerdo
▶ Aceites vegetales (girasol, soya, cártamo, maíz, etcétera)
▶ Mantequilla y margarina
▶ Mayonesa y aderezos para ensalada
▶ Embutidos y carnes frías
▶ Tocino y chicharrón
▶ Crema y queso crema
▶ Botanas industrializadas fritas
▶ Chocolates
▶ Piel de pollo, grasa que acompaña a las carnes, etcétera

Cuida lo que tu hijo lleva a la escuela

Las investigaciones realizadas en diversos países del mundo coinciden en señalar que los niños que asisten a la escuela sin haber desayunado bien presentan menor rendimiento escolar y tienden a sentirse fatigados en menos tiempo que los chicos que toman un desayuno completo. Por eso es importante tener especial cuidado en lo que les enviamos para comer como refrigerio.

Isabel Margain, madre de Ana, de 11 años, Fabián, de nueve, y Sebastián, de seis, afirma que sufre todos los días por no saber qué enviarles a los niños para que coman en el recreo.

"Todas las mañanas, además de despertarme de buen humor, tengo que lidiar con todo tipo de carreras matutinas: mi marido, los uniformes, el desayuno, el automóvil del vecino que me estorba para poder mover el mío, etcétera. Cuando llega el turno de preparar los alimentos para el recreo, meto en las loncheras de los niños cualquier cosa porque no se me ocurre nada ni tengo tiempo de prepararles algo especial".

Juan Delgado, experto en nutrición, asegura que entre los dos y los 13 años, cuando los chicos están en las etapas preescolar y escolar, sus necesidades alimentarias se satisfacen con una dieta equilibrada y resulta innecesario recurrir a los complementos vitamínicos. Sin embargo, un refrigerio a media mañana puede ayudarles a recuperar la energía y la fuerza que requieren cotidianamente.

"Las madres de los niños no deben ver el *lunch* como un sustituto del desayuno. Yo, como padre de familia, he escuchado a más de una persona decir: 'si el niño no quiere desayunar, que no lo haga, que se coma su *lunch* y listo'. Pensar así es un grave error, ya que para que el pequeño tenga el rendimiento esperado necesita un desayuno completo y adecuado".

Leticia Marván coincide y afirma que un desayuno nutritivo es necesario. "El almuerzo escolar —también conocido como colación, refrigerio o tentempié— favorece el aporte de energía que los infantes necesitan durante su jornada escolar, pero nunca es indispensable".

Georgina Montero cuenta que en el jardín de niños donde estudiaron sus hijas, la hora del refrigerio, más que un momento para alimentarse, era la oportunidad para que los niños aprendieran a

> Un refrigerio a media mañana puede ayudar
> a los niños a recuperar la energía y la fuerza
> que requieren cotidianamente

comer, a preparar una mesa, a lavarse las manos y a compartir los alimentos con sus compañeros.

"Las maestras siempre nos recomendaban que los mandáramos bien desayunados", recuerda.

Marván explica que el refrigerio debe ser nutritivo y poco abundante:

> Si una noche antes las madres se toman unos minutos para planear lo que mandarán a sus hijos, evitarán que esta decisión se convierta en una batalla por la elección de los comestibles, justo cuando llega el momento de salir hacia la escuela. Por otra parte, si lo planeamos con anticipación y nuestros hijos son mayores de tres años ellos mismos nos podrán sugerir diferentes alimentos.
>
> Involucrar al niño en la elección es muy aconsejable, ya que al invitar al menor a participar en la decisión se le fomentan hábitos alimentarios adecuados y se le enseña a hacerse responsable de sus propias elecciones.

La cooperativa escolar

Muchas veces hemos escuchado a las madres lamentarse de que los niños llegan sin hambre a casa después de la escuela. ¿A qué se deberá? La mayoría de las madres entrevistadas coincide en culpar a la "tiendita escolar" que les vende golosinas de todo tipo, bebidas y panes sin la supervisión de los maestros o encargados.

Todos los padres de familia sabemos que, por lo general, la cooperativa escolar poco contribuye a la sana alimentación de los

> Evitemos que nuestros hijos consuman lo que vende
> la tienda de la escuela. Esos productos se encuentran
> muy lejos de contener nutrimentos adecuados porque
> están formados esencialmente por carbohidratos

niños. Por eso, y para evitar que nuestros hijos consuman en exceso los productos que se venden en la tienda, los expertos sugieren que los despertemos unos minutos antes de la hora a la que están habituados y les sirvamos un desayuno abundante. Esto significa que en lugar de ofrecerles solamente un jugo y un plato con cereal —que se digiere fácilmente—, hay que prepararles huevos, frijoles, fruta, verdura o un poco de jamón. Las grasas tardan más tiempo en digerirse, lo que evita que el niño sienta demasiado apetito durante el recreo.

"Mi hija difícilmente toma un vaso con leche o un licuado. Ésa es la razón por la que, además de enviarle un refrigerio, le doy dinero. Así, si se le antoja algo de lo que comen sus compañeros no se quedará con las ganas", expone Virginia Ponce, madre de Paloma, de 10 años de edad.

El doctor José Novoa, en su libro *¿Qué debe comer mi hijo?*, señala que muchos niños desayunan muy mal y llegan a consumir lo que vende la tienda de la escuela. Esos productos se encuentran muy lejos de contener nutrimentos adecuados porque están formados esencialmente por carbohidratos.

"Hay que poner un remedio ya que estamos criando niños desnutridos, aunque no se les note. En su alimentación diaria faltan cantidades adecuadas de proteínas, minerales y vitaminas. Si ningún niño adquiriera golosinas o bebidas endulzadas dentro de la escuela, además de evitar problemas en la alimentación infantil, se ganaría una reducción importante en la frecuencia de la caries y se podría fomentar el ahorro".

Preguntas

Debemos analizar por qué es en ocasiones tan difícil nuestra relación madre-hijo a la hora de comer.

1. ¿Qué edad tienen los niños? Tal vez se encuentren en una etapa en la que lo más importante para ellos es explorar su alrededor en lugar de sentarse a comer.

2. ¿Hemos pensado en los hábitos alimentarios de nuestra familia? ¿No estará eso afectando el modo de alimentarse del niño?

3. ¿Nos gusta darles de comer a nuestros hijos o esos momentos representan un fastidio?

4. ¿Hemos revisado de manera franca nuestros propios gustos alimentarios?

5. Cuando vamos al supermercado, ¿llevamos una lista o vamos poniendo en el carrito lo que se nos ocurre o creemos que hace falta?

Capítulo seis

Las enfermedades de la alimentación

La obesidad

De acuerdo con cifras de la Sociedad Mexicana de Endocrinología, cuatro de cada 10 centroamericanos y mexicanos sufren obesidad, situación que tiende a agravarse y a afectar, en mayor medida, a las personas de escasos recursos.

Si en la década de 1980 uno de cada 10 habitantes de la región sufría problemas de sobrepeso, actualmente el porcentaje aumentó hasta alcanzar 40 y 50%, de forma que hoy día la obesidad se considera un grave problema de salud pública.

Los centroamericanos y los mexicanos han cambiado sus hábitos alimentarios y de actividad física, y en la actualidad un buen porcentaje de la población consume comida "chatarra" y refrescos: muchos carbohidratos y poca fibra.

Cifras de la Sociedad Mexicana
de Endocrinología reportan que cuatro de cada 10
centroamericanos y mexicanos sufren obesidad

Las estadísticas muestran un incremento de casos de niños y jóvenes con obesidad, lo que, a juicio de los especialistas, se relaciona de manera directa con el sedentarismo provocado por la popularización de los juegos de video, el desarrollo de los programas de Internet para niños, así como la televisión. Hace sólo algunos años los niños dedicaban mucho tiempo a jugar futbol o a correr; hoy pasan demasiado tiempo sentados ante el televisor, la computadora o jugando Game Boy (videojuego inalámbrico), lo que repercute en su salud.

Además de la obesidad, cada vez más niños y jóvenes sufren de hipertensión y otras enfermedades relacionadas con el sobrepeso.

En su artículo "¡Cuidado con el corazón de nuestros hijos!", Kati Szamos señala que el hecho de que la mayoría de los niños tenga una alimentación muy elevada en grasas animales empieza a acarrearles problemas cardiacos desde pequeños.

"La mayoría de los niños come muchos embutidos, huevos y un verdadero arsenal de alimentos fritos (desde las frituras de bolsitas, hasta papas, carnes, verduras, pastas y arroz frito, entre otros). También bebe litros y litros de leche entera. El común denominador de esta alimentación es que es muy alta en grasas animales, lo que constituye la primera causa de los altos niveles de colesterol en la sangre. Tales niveles se asocian con la formación de plaquetas en las arterias que, al engrosarse, obstruyen paulatinamente el flujo de sangre al corazón y el resultado posterior es un infarto al miocardio".

La especialista explica además que si bien los niños no sufren infartos, estudios recientes demuestran que, al paso de los años, los niveles de colesterol van en aumento. Por eso, muchos pediatras solicitan a sus pacientes de 10 años análisis de colesterol.

"Mi hija, de ocho años, está excedida de peso por seis kilogramos, y aunque por ahora no me preocupa, no sé qué vamos a hacer en tres o cuatro años, cuando ella empiece a estar consciente de su sobrepeso", expone Marcela Gómez, madre de Itzel.

Los pediatras afirman que los niños con sobrepeso tienen muchas probabilidades de convertirse en adultos con problemas de obesidad. ¿Cuántos de nosotros no conocemos por lo menos a una persona obesa que padezca diabetes, enfisema pulmonar, aumento en el colesterol, cáncer o hipertensión?

Un estudio publicado en la revista de la Asociación Médica Estadounidense indica que en la Unión Americana 22% de los niños latinos y afroamericanos tienen sobrepeso, mientras que niños de otros grupos étnicos alcanzan 12%. El autor de la investigación, el doctor Richard S. Straus, pediatra de la Universidad de Nueva Jersey, achaca esta explosión de obesidad infantil a una alimentación con alto contenido de grasa y *snacks* (bocadillos). Las comidas en la mesa del hogar son siempre más sanas que las que se compran en restaurantes de comida rápida, afirma Straus.

Este problema atañe a toda la familia y es importante limitar el tiempo que se pasa frente al televisor, la computadora o los juegos de video. También es importante que los padres revisen sus hábitos alimentarios y que apoyen a los menores para lograr una reducción en su peso. El proceso será más rápido

> y fácil si la familia ayuda, por ejemplo, cambiando los hábitos alimentarios y practicando algún tipo de ejercicio o actividad al aire libre con regularidad.

Bridget Swinney afirma que la infancia está marcada por tres periodos críticos del desarrollo, en los que algunos cambios de la grasa corporal pueden aumentar el riesgo de obesidad en épocas posteriores de la vida.

El periodo prenatal Diversas situaciones durante el embarazo pueden afectar el peso del bebé al nacer; por ejemplo, un escaso desarrollo de la criatura durante el último trimestre del embarazo o problemas de salud de la madre, como la diabetes.

De los cuatro a los seis años En esta fase, conocida como *rebote de la adiposidad,* la grasa corporal disminuye hasta un mínimo antes de aumentar nuevamente hacia la edad adulta. Algunos estudios realizados sugieren que las dietas ricas en proteínas y calorías que se siguen durante estos años originan una mayor cantidad de grasa corporal a los ocho años. Asimismo, señalan que el consumo excesivo de alimentos puede dar lugar a un almacenamiento adicional de grasa.

Adolescencia Durante estos años la grasa corporal aumenta en las niñas y disminuye en los niños. En las chicas, dichos aumentos pueden reflejarse en el peso que alcanzarán en la vida adulta.

Szamos recomienda mantener bajo control el consumo total de colesterol —debajo de los 300 miligramos diarios— en niños y púberes. "Lo que resulta conveniente es incluir en la alimentación diaria de los hijos cantidades pequeñas de grasas (ver el cuadro siguiente) y combinarlas con abundante fruta, verdura, cereales y leguminosas".

Los especialistas recomiendan sustituir los antojos "chatarra" con zanahorias, jícamas o pepinos, que no tienen un gramo de grasa y sí mucha fibra. También sugieren preparar una ensalada con verduras crudas antes de la comida. Esto ayudará a disminuir el hambre y a consumir menos cantidad de comida. Valdría la pena sustituir los aderezos por jugo de limón y unas gotas de aceite de oliva. Recordemos que los padres que comemos saludablemente somos excelentes modelos para nuestros hijos.

Contenido de grasas totales y colesterol en los alimentos más gustados por los niños

Alimentos altos en grasas	Tamaño en porción	Grasa en gramos
Aceite vegetal	1 cucharada	15
Aderezo cremoso	2 cucharadas	12
Crema de cacahuate	1 cucharada	10
Espagueti con queso	1 taza	22
Hamburguesas	90 gramos	15
Helado	1 taza	14
Hot dogs	1 pieza	15
Leche entera	1 taza	8
Mantequilla	1 cucharadita	4
Margarina	1 cucharadita	4
Mayonesa	1 cucharada	12
Papas a la francesa	1 taza	12
Queso crema	1 cucharada	5
Queso tipo manchego	30 gramos	10

Alimentos altos en colesterol	Tamaño en porción	Cantidad de colesterol, en miligramos
Hamburguesa	120 gramos	70
Helado	1 taza	55-85
Huevo	1 pieza	275
Panqué	1 rebanada	123
Pollo frito	1 pieza	185

Fuente: Szamos, Kati; "¡Cuidado con el corazón de nuestros hijos!", *Para educar,* núm. 3, diciembre de 1996.

El doctor Novoa asegura que el adulto necesita reconocer y aceptar la responsabilidad que tiene consigo mismo y con las personas que dependen de él para mantenerse en condiciones óptimas de salud. "En la medida en que seamos conscientes de esta responsabilidad podremos influenciar en el cumplimiento de los requisitos que exigen una buena alimentación infantil".

Si queremos contribuir al mejoramiento de la salud de nuestros hijos es necesario seguir varias reglas:

▶ Cambiar de hábitos alimentarios.
▶ Comer más despacio.
▶ Desarrollar nuevas rutinas y consumo de alimentos no grasos.
▶ Evitar comidas rápidas o "chatarra".
▶ Reducir las porciones y consumir menos calorías.
▶ Incrementar la actividad física; caminar es especialmente bueno.
▶ Tener un estilo de vida activo.

▶ Saber qué come el niño en la escuela (es común que ahí se vendan alimentos grasos o azucarados).

▶ Hacer comidas familiares en lugar de cenas frente al televisor.

▶ No usar la comida como premio.

▶ Limitar los antojitos, refrescos, comida de preparación rápida.

▶ Evitar el uso de píldoras para perder peso.

Finalmente, recordemos que si vamos a someter a nuestro hijo a un régimen nutrimental es necesario que esté estrictamente controlado por el pediatra o algún médico especialista.

La limpieza bucal preventiva consiste en un adecuado lavado de dientes después de cada comida o tras haber ingerido una golosina

Recomendaciones para el cuidado bucal

▶ Alimentos saludables para los dientes: atún, frutas secas, huevos duros, leche, mantequilla de cacahuate, zanahorias, apio, brócoli y aguacate.

▶ Para ayudar a prevenir los problemas dentales se puede usar un colorante vegetal inofensivo, llamado *revelador de placa bacteriana*, que marca con un tono más oscuro los lugares donde no se ha hecho una buena limpieza. Algunos dentistas afirman que es mejor un buen lavado de dientes al día empleando este revelador, que varias limpiezas precipitadas e incorrectas.

▶ Vigilar el consumo de flúor de los niños. Preguntar al médico si no es necesario darle al niño gotas.

▶ No olvidar que la función del flúor es la de reforzar el esmalte de los dientes y hacerlos más resistentes a las caries.

▶ Empezar el cepillado de dientes de los niños lo antes posible —entre los dos y los tres años de edad—, ya que, según las estadísticas, a los tres años 90% de niños occidentales presentan caries y afección de las encías en su fase inicial. A los 12 años, 20% de sus dientes tiene caries y ya han sido curados con empastes o bien los dientes ya han sido extraídos.

▶ Los dientes permanentes empiezan a crecer alrededor de los seis años de edad. No esperemos hasta que el niño los cumpla para visitar al dentista. Recordemos que los dientes de leche son muy importantes y una caries puede producir dolor e incluso infección.

Fuente: *Aprendamos juntos,* núm. 4, México, 1999.

Dientes sanos, sonrisas bellas

Los dientes de nuestros hijos son tan importantes como su estómago, la cabeza o cualquier otro órgano. A pesar de la importancia de la dentadura, muchos padres deciden no preocuparse por ella hasta que brotan los dientes definitivos.

La limpieza bucal preventiva consiste en un adecuado lavado de dientes después de cada comida o tras haber ingerido una golosina. Por supuesto, la alimentación del chico es un factor clave en la salud de la boca. No hay que olvidar que los dientes —aunque sean los de leche— se enferman de caries y existen estadísticas que documentan que este padecimiento es uno de los que se presenta con más frecuencia en la población mundial.

Adriana Cao Romero, odontóloga infantil especializada, afirma que los pequeños deben ir al dentista a partir de los dos años de edad para que se les realice el primer control dental.

En esa visita inicial se les hace una evaluación de los dientes y las posibles caries; una limpieza general y se les aplica flúor para fortalecer el esmalte. Se explica a los padres el tipo de higiene que hay que seguir. A partir de esa edad son necesarias las revisiones y limpiezas dentales cada seis meses. Muchos padres tienen aún la idea de que como los dientes de leche son temporales, no es necesario prestarles demasiada atención. Sin embargo, esto es un error. Los dientes de leche son necesarios para el niño, cumplen una función y la falta de cuidado puede producir infecciones o dolor.

La caries es la enfermedad dental más común entre la población infantil.

Un diente está formado, primero, por una parte no calcificada, luego viene la pulpa y, finalmente, dos partes no calcificadas: la dentina y el esmalte. La caries es la desintegración del esmalte y la dentina.

> **Los especialistas estiman que siete de cada
> 10 niños padecen caries**

La superficie de los dientes está cubierta por la placa dental que, a su vez, se forma por bacterias, proteínas e hidratos de carbono.

Cuando en la superficie de un diente se produce la interacción de las bacterias y los hidratos de carbono fermentables —éstos son azúcares o almidones que pueden ser degradados por las bacterias que habitan en la boca—, las bacterias producen ácidos que empiezan a desmineralizar o degradar el esmalte dental. Esto puede producir una cavidad o caries en el interior del diente.

El único elemento de la dieta que puede ayudar a prevenir las caries es el flúor que se obtiene directamente del agua, aunque muchos pediatras sugieren que los bebés deben ingerir una gota de este mineral.

Según una publicación médica española, las caries dentales son contagiosas en los niños por medio de los cubiertos, vasos, chupones, dulces y todos los objetos que los chicos suelen introducirse en la boca.

El *estreptococo mutans* es una bacteria extraña a la flora bucal, pero se ha encontrado en grandes cantidades en los niños y se cree que siete de cada 10 pequeños tiene los dientes picados debido a su acción. Los pediatras afirman que, como es prácticamente imposible que los niños de uno a cuatro años de edad dejen de llevarse diferentes objetos a la boca, es necesaria una higiene bucal escrupulosa y constante.

El doctor José de Jesús Tizcareño afirma, respecto a la influencia de los alimentos en los problemas dentales, que es preciso vigilar especialmente los carbohidratos que pueden fermentarse en la boca, como el azúcar simple y almidones que se encuentran en el pan y las pastas.

"Existen otros factores que también pueden producir caries, como la frecuencia con la que los dientes del menor se exponen a estos hidratos de carbono y el tiempo que transcurre entre el momento en que el niño termina de comer y se lava los dientes. Debemos tratar que ese periodo no sea mayor a 30 minutos. El consumo de golosinas entre comidas y la ingesta nocturna de alimentos puede facilitar el desarrollo de caries, ya que son los momentos cuando se produce menor cantidad de saliva. Los alimentos pegajosos son especialmente dañinos para el esmalte dental. Procurar vigilar que los niños sean cuidadosos con el aseo bucal. Lo agradecerán cuando crezcan", recomienda el especialista.

Muchas madres sabemos que permitir a los niños dormir con la mamila con leche tampoco es muy saludable para los dientes en formación, pues el constante goteo en la boca va dejando azúcares que son los generadores de caries.

Anorexia y bulimia

La anorexia y la bulimina son trastornos de la alimentación cuyo padecimiento ha aumentado de manera notable en los últimos tiempos. Los médicos afirman que son más frecuentes en las

Los últimos hallazgos de investigaciones realizadas en Estados Unidos demuestran que en las adolescentes que comen cuatro raciones de fruta al día se detecta una menor cantidad de grasa corporal que en las que consumen menos fruta. Cuatro raciones de fruta equivalen a dos plátanos o una manzana, una naranja, un kiwi y un melocotón.

SWINNEY

107

En México, 52% de las mujeres adultas en edad fértil y 5% de los niños en edad preescolar padecen sobrepeso y obesidad.

ENCUESTA NACIONAL DE NUTRICIÓN, 1999

mujeres, en especial en las adolescentes, aunque también ha aumentado la frecuencia en hombres y en mujeres de diversas edades.

La anorexia nerviosa tiene como característica principal un rechazo a comer pese a que la persona siente hambre. Se está obsesionado por mantener el peso mínimo recomendado para la edad, estatura y complexión. La persona afectada siente miedo intenso a convertirse en obesa, aun cuando su talla sea menor a la esperada como normal. Es decir, hay una alteración en la percepción personal del peso, el tamaño y la forma del cuerpo.

También se presenta una pérdida de por lo menos tres periodos menstruales consecutivos (lo que también se conoce como *amenorrea*).

La bulimia se caracteriza por el desarrollo de episodios recurrentes de ingestión voraz y descontrolada de alimentos. Existe, además, una sensación de pérdida de control respecto al alimento. Para evitar subir de peso y al sufrir sentimientos de culpa, las personas se producen vómito, utilizan laxantes y diuréticos, ayunan y practican ejercicio en exceso. Su autoestima se basa en su silueta, complexión o peso corporal.

Para que se considere un trastorno de alimentación los episodios de ingestión voraz deben aparecer por lo menos dos veces a la semana durante tres meses.

Investigaciones realizadas afirman que 90% de quienes padecen anorexia o bulimia son mujeres entre 12 y 25 años, quienes están sometidas a una gran presión para satisfacer cierto ideal de belleza que la moda impone con rigor y sin consideraciones. En los varones ocurre en menor medida, pero existen también muchos casos.

Actualmente está de moda lucir una figura esbelta, lo que ha propiciado que muchas adolescentes y jóvenes, en su afán por conservar una silueta delgada como las que presentan los medios de comunicación masiva, adopten dietas y hábitos alimentarios inadecuados que ponen en peligro su salud y su vida.

Asimismo, los especialistas han encontrado factores familiares que influyen directamente en los problemas de anorexia y bulimia. Por ejemplo, 40% de las niñas entre los nueve y 10 años tratan de perder peso por recomendación de las madres.

Por otro lado, las mamás de menores anoréxicos tienden a inmiscuirse demasiado en la vida de sus hijos, mientras que las de los bulímicos son críticas y distantes.

No olvidemos que una buena alimentación debe ser completa y suficiente, es decir, contener todos los nutrimentos en las cantidades necesarias. También debe ser variada, ya que ningún alimento contiene, por sí solo, todos los nutrientes que el organismo necesita.

Uso de los grupos en la alimentación ideal

El modelo de alimentación idónea incluye tres conceptos o reglas básicas. En cada tipo de comida (desayuno, comida o almuerzo y cena) la alimentación de todos los miembros de la familia debe incluir lo siguiente:

▶ Suficientes frutas y verduras. Además de ser fuente de vitaminas y minerales, son un recurso para lograr una dieta llamativa y variada. Es importante prepararlas inmediatamente antes de servirlas y si se cuecen, hacerlo con poca agua o al vapor para disminuir la pérdida de nutrimentos.

▶ Una combinación de cereales con leguminosas. Al digerirse juntos complementan sus proteínas, lo que mejora la calidad de la alimentación. Forman el soporte energético de la dieta (aportan más de 60% de la energía total). Son preferibles los cereales integrales porque proporcionan fibra dietética. Los tubérculos como papa y camote pueden sustituir a los cereales y sus derivados.

▸ Una pequeña cantidad de algún alimento de origen animal, aunque poseen la proteína más fina. Este tipo de platillos tienen la desventaja de ser fuente de grasas saturadas y colesterol; además, al cocinarlos se les agrega más grasa, sal y condimentos. Su presencia en cada comida es importante para complementar el valor nutritivo, pero deben ser pequeñas cantidades para que el organismo no se vea afectado. La alimentación ideal exige no abusar del consumo de estos alimentos para evitar o disminuir problemas de salud.

Recomendaciones para llevar una alimentación adecuada

Además de las tres reglas básicas anteriores es importante:

▸ Aumentar el consumo de fibra dietética proveniente de cereales integrales, frutas y verduras.

▸ Preferir los aceites vegetales a las grasas animales, ya que además de ser más sencillos de asimilar y aprovechar, previenen algunas enfermedades crónicas y degenerativas.

▸ Elegir alimentos frescos en lugar de alimentos industrializados como los enlatados y polvos para sazonar, entre otros. Los alimentos naturales son más baratos, nutritivos y no representan riesgos para la salud. El pescado es un buen alimento y debe sustituir a la carne por lo menos una vez por semana.

▶ Disminuir el consumo de alimentos con alto contenido de grasas y colesterol, ya que pueden producir daños a la salud pues incrementan el riesgo de padecer infartos o embolias por acumulación de grasas en las paredes arteriales.

▶ Disminuir el consumo de sal. En exceso, la sal tiende a producir retención de líquidos en el organismo, lo que causa hipertensión arterial, que afecta al corazón.

▶ Evitar el consumo de productos "chatarra": botanas, pastelillos, dulces y refrescos, pues resultan nocivos al organismo. Los azúcares que contienen carecen de valor nutritivo y propician la obesidad. Además, se dejan de comer otros productos que sí son necesarios.

Fuente: Fabiola González, *La alimentación idónea.* (http://www.medicoweb.net/fabiolagonzalez/)

40% de las niñas entre los nueve y 10 años tratan de perder peso por recomendación de las madres

Preguntas

La alimentación es una de nuestras principales aliadas para la salud de nuestros hijos.

1. ¿Padecemos sobrepeso o nos encontramos en forma?

2. ¿Hemos reflexionado en las causas que provocan que los adolescentes padezcan anorexia o bulimia?

3. ¿Cuántas horas pasan nuestros hijos frente al televisor, la computadora o los videojuegos? ¿No sería mejor llevarlos a correr o a caminar?

4. Cuando nuestros hijos están sentados frente al televisor, ¿hemos visto con ellos anuncios comerciales sobre comida poco nutritiva y muy atractiva para ellos? ¿Lo hemos hablado con los chicos?

5. ¿Nos hemos preocupado por los dientes de leche; así como de la salud bucal de nuestros hijos?

6. ¿Consideramos que sería importante mantener con nuestros hijos una charla sobre la nutrición y el ejercicio? ¿Les trasmitimos un buen ejemplo?

Equivalencias

*A*lgunas diferencias de nombre para los mismos alimentos en México, el resto de América Latina y España

México	América Latina y España
Aguacate	Palta
Albaricoque y chabacano	Damasco
Alcachofa	Alcaucil
Betabel	Remolacha, betarraga
Brócoli	Brécol, bróculi
Calabaza	Ahuyama, zapallo
Camote	Batata, boniato
Chicozapote	Zapote
Chícharo	Guisante
Chile	Ají, picante
Coco	Pipa

Equivalencias

Col	Repollo
Durazno	Melocotón
Ejote	Poroto verde, judía verde, habichuela, vainica, vainita
Fresa	Frutilla
Frijol	Fréjol
Jitomate	Tomate
Maíz	Choclo, Jojoto
Naranja	China
Papa	Patata
Plátano	Banana, maricón
Zarzamora	Mora

Bibliografía

Burrows, Raquel, *Nutrientes esenciales, calorías por edad.* www.learninghouse.cl/news/news, consultado en abril, 2002.

Maldonado Durán, Martín y Sauceda-García, Manuel, "Evaluación clínica y tratamiento de los problemas de alimentación", artículo publicado en Lartigue Teresa, Maldonado Martín y Ávila Héctor coordinadores, *La alimentación en la primera infancia y sus efectos en el desarrollo.* Editado por la Asociación Psicoanalítica Mexicana, A.C. y Plaza y Valdés Editores, 1a. edición, México, 1998.

Marván, Leticia y Pérez de Gallo, Ana Bertha, *Dietas normales y terapéuticas, los alimentos en la salud y en la enfermedad.* La Prensa Médica Mexicana, 1996.

Mindell, Earl, *Todo sobre las vitaminas y la alimentación para los niños.* Grupo Editorial Eac, España, 1995.

Moloney, Kathleen, *Cómo alimentar a sus hijos.* Grupo Editorial Norma, Colombia, 1991.

Novoa, José, *¿Qué debe comer mi hijo?* Editorial Diana, 1a. edición, México, 1981.

Plazas, Maité, "Que los niños aprendan y disfruten de una buena alimentación", artículo publicado en *Cuadernos de Nutrición*, México, Marzo-Abril, 1995.

Satter, Ellyn, *Child of mine.* Bull Publishing Company, USA, 2000.

Swinney, Bridget, *Comidas sanas, niños sanos.* (Healthy foods for healthy kids), Meadowbrook, USA, 1999.

Szamos, Kati, "¡Cuidado con el corazón de nuestros hijos!", revista *Para educar*, no. 3, diciembre, 1996.

Szamos, Kati, *Nutrición Infantil. Cómo lograr que los niños coman bien.* Editorial Yug, 3a. edición, México, 2001.

Williams, Roger J., *Nutrición contra las enfermedades* (Nutrition against disease). Bantam, USA, 1978.